唯亭印记

沈维生 著

苏州大学出版社

图书在版编目（CIP）数据

唯亭印记/沈维生著 . -- 苏州：苏州大学出版社，2023.11

ISBN 978-7-5672-4598-3

Ⅰ.①唯… Ⅱ.①沈… Ⅲ.①区（城市）—地方史—苏州 Ⅳ.① K295.35

中国国家版本馆 CIP 数据核字（2023）第 223723 号

WEITING YINJI

唯 亭 印 记

著　　者：	沈维生
摄影配图：	倪浩文
责任编辑：	倪浩文
出版发行：	苏州大学出版社
社　　址：	苏州市十梓街 1 号
邮　　编：	215006
网　　址：	http://www.sudapress.com
邮　　箱：	sdcbs@suda.edu.cn
印　　刷：	苏州市深广印刷有限公司
开　　本：	890 mm×1 240 mm　1/32
印　　张：	8.5
字　　数：	179 千
版　　次：	2023 年 11 月第 1 版
印　　次：	2023 年 11 月第 1 次印刷
书　　号：	ISBN 978-7-5672-4598-3
定　　价：	50.00 元

若有印装错误，本社负责调换
苏州大学出版社营销部　电话：0512-67481020

◎ 序

苏州工业园区唯亭街道是苏州工业园区北部城市副中心和生态门户区。唯亭所在地，自民国起属吴县，直至1994年划归苏州工业园区。2005年唯亭、跨塘两镇合并统称为唯亭镇，2012年撤镇建唯亭街道。本书所记的唯亭，是两镇合并前的唯亭镇。

唯亭，是一个具有深厚历史文化底蕴的乡邑。早在6000多年前的新石器时代，我们的祖先就在阳澄湖畔的草鞋山定居生活。他们在这里渔猎耕作，繁衍生息，创造了辉煌的历史文化，其中考古发现的人工栽培水稻谷粒和葛麻纺织品，被认定为我国现存最早者而被载入了史册。草鞋山、重元寺（古时为吴中名刹）和阳澄湖已成为唯亭的三张文化名片。千百年来，勤劳智慧的唯亭人民，在这片土地上辛勤耕耘，胼手胝足，奋力建设自己的家园。他们用汗水和心血，书写了多少可歌可泣的故事。钩沉往事，正是从这一方小而美的水土开始，从乙未亭、仁寿桥和状元泾桥的遗迹开启。

时代总是日新月异，变化都在每时每刻。历史进入新时期，改革开放的春风吹绿了祖国大地，古老的唯亭呈现出一派勃勃生机。特别是1994年，苏州工业园区启动建设，给唯亭带来了新的发展机遇。近年来，唯亭街道在苏州工业园区党工委、管委会的正确领导下，主动融入建设世界一流高科技园区大局，围绕"全力打造北部城市'副中心'、基层治理'新窗口'、和谐美丽'新高地'"的奋斗目标，擦亮了唯亭之治的"金字招牌"，奋力谱写着"幸福唯亭"的绚丽新篇章。低调了千年的江南小镇，因为新时代新征程的新使命，终于"出圈"了。

　　面对此情此景，不由得让人思绪万千：家乡翻天覆地的变化，靠的是什么？靠的是党的英明领导，靠的是政府的正确决策，靠的是广大人民群众的艰苦奋斗。作为生活在这片土地上的人们，抚今追昔，感慨良多。家乡小镇，汇聚了太多细小的悲欢，承载了太多坚忍的呐喊。当我们走进了新时代，过上了新生活，旧时的唯亭已经跟我们挥手告别；但是，我们不能不扪心自问：我们从哪里来，我们要往何处去？一方水土养一方人，我们感恩家乡的哺育，决不会忘记自己的历史，也永远不能忘记生我养我的这片故乡热土。

　　于是，这本记录唯亭历史文化和社会生活的书应运而生。书中所记的故事，都是老一辈唯亭人经历过的事情，这些文字的记载，或许可以唤起他们对过去的很多回忆；对于年轻一代来说，那些曾经的故事，或许可以为他们打开一扇认识家乡历史的窗户。在儒雅与精致的城市生活中，闲来咀嚼透着浓浓的人情味的文字，是高雅的享受。对于现在正在接受学校教育的孩子们来说，他们出生在新时代，自打懂事起，看到的就是家乡现代化的新面貌，经历的都是对接现代文明的新生活，他们对自己家乡的过去完全没有概念，对自己前辈的生活状况一无所知。从这个角度出发，这本书不失为一本接地气的乡土教育教材，书中所记述的内容，或许能部分填补他们内心深处对家乡认识的空白。这正是我们希望能达到的目的。

作者沈维生，是土生土长的唯亭人，也是我的初中语文老师。他长期从事基础教育工作，退休之后，满怀对家乡的无限深情，借助史志体例的记载，结合自己的亲身经历，把涉及唯亭历史文化、社会生活等多方面的情况作了一个全景式的回顾和梳理，给唯亭留存了一份宝贵的历史文化资料。旧影逝去时也抹不去曾经。从唯亭的旧影中走来，犹如重温旧时江南小镇的过往人生，细品渐行渐远的生活场景。应唯亭街道所托，写下自己的一点感想，表达对家乡的爱意，表达对老师的敬意，表达对园区开发建设30周年的心意。

是为序。

刘海燕

2023 年 5 月 15 日

目 录

唯亭之名 / 1
历史古迹 / 7
 草鞋山 / 9
 夷陵山 / 12
 乙未亭 / 16
 重元寺 / 23
 延福寺 / 27
 城隍庙 / 31
 关帝庙 / 34
 石塘岸 / 36
 古石桥 / 40
老街变迁 / 47
 东街 / 50
 中街 / 64
 西街 / 79
 河南街 / 89
 金弄堂 / 93
 大会场 / 97
 西庙场 / 102

市井风貌 / 105
- 茶馆 / 107
- 书场 / 111
- 糖坊 / 116
- 竹行 / 118
- 皮匠担 / 120
- 补镬子 / 125
- 钉碗 / 127
- 弹棉花 / 129
- 修棕绷 / 131
- 磨剪刀 / 134
- 换糖 / 137

水乡风情 / 141
- 娶亲 / 143
- 炱糕 / 148
- 牵磨 / 151
- 消暑 / 155
- 摇船 / 161
- 耥泥 / 165
- 水车 / 169
- 村桥 / 174
- 水鸟 / 176

文化生活 / 181
- 小学教育 / 183
- 初中教育 / 192

医家诊所	/ 201
铁路交通	/ 206
公路交通	/ 211
业余篮球	/ 215
群众文艺	/ 218
露天电影	/ 221
少儿游戏	/ 225
厨房柴灶	/ 230
照明灯具	/ 235
家庭副业	/ 238
民间借贷	/ 244
后记	/ 246

唯亭之名

唯亭是苏州工业园区历史最古老的市镇之一。关于唯亭这个名称的由来，《唯亭镇志》（2001版，下同）称有以下两个说法。

其一，吴王阖闾十年（前505），东夷逼吴境，吴王带兵抵御，击退夷兵，遂扎营建亭于今唯亭，以御东夷，因此得名夷亭，后人俗称唯亭。唯亭之名源于此。

其二，镇区上塘街东市，有一座创建于宋至和乙未年（1055）、为纪念娄江治水工程竣工而建造的亭子，名"乙未亭"，故亦有人认为镇名由此而来。

但如果认真考据历史，我们会发现，这两个说法都是有问题的。

先说第一个说法。这个说法基本是采自清道光年间编的《元和唯亭志》。该志在"卷八·古迹"中"夷亭"条记载："《吴地记》云，吴王阖闾十年，东夷寇吴，吴王结亭于此，以御东夷，故名。"同样的内容，范成大在《吴郡志·古迹上》中引用《吴地记》是这样记载的："夷亭，阖闾十年，东夷侵逼吴境，下营于此，因名之。"《吴地记》为唐代陆广微所撰，这里两者引用所叙事情基本一致，但是其中有个细节值得注意：前者说"东夷寇吴，吴王结亭于此"，后者说"东夷侵逼吴境，下营于此"，比较这两个句子，我们发现，前者明确主语为"吴王"，后者"下营于此"没有主语，因此究竟是"东夷"还是"吴王"，这是有歧义的。但是，不管怎么说，这里都没有"吴王带兵抵御，击退夷兵"的意思。据司马迁《史记·吴太伯世家第一》记载：阖闾九年（前506），吴王兴兵，"西伐楚，至于汉水。""楚亦发兵拒吴，夹水陈。"吴军"比至郢，五战，

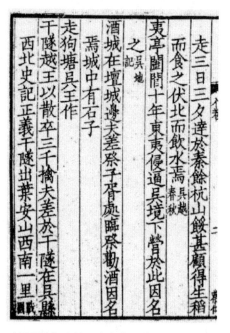

《吴郡志》中关于夷亭的记载

楚五败"。可见这一年,吴王西线伐楚正打得不可开交。岂料过了一年,后方出事了!"十年春,越闻吴王之在郢,国空,乃伐吴。吴使别兵击越。"越国乘虚而入,偷袭吴国,吴王无奈,只好分兵迎敌。可见,阖闾十年的时候,吴王一方面在伐楚,一方面又要击越,"亲征御夷"的故事不可能会同时发生。我们知道,司马迁撰《史记》采用史料的态度是十分严谨的,在历史研究中,《史记》是具有权威性的,所以我们可以相信他所记史实的真实性。因此,《唯亭镇志》中"吴王带兵抵御,击退夷兵,遂扎营建亭"这个说法是靠不住的。退一步讲,假如"吴王抵御东夷入侵"确有其事,那么,所建亭子也应该命名为"御夷亭"才合乎常理,怎么可能用敌方的族名来为自己的亭子命名呢?这有点不可思议。

再来剖析一下"因此得名夷亭,后人俗称唯亭"的说法。即使唯亭是从夷亭演变而来的,那么我们不妨问一句:"夷"跟"唯"是什么关系?如果是属于同音替代(在古代的韵书《佩文诗韵》中,"夷""唯"确实同属"上平四支"

这个韵部，但是两者的读音并不完全相同），"后人俗称"为什么不用读音完全一样的同音字，例如"怡""彝"等。在古人的诗文中，也确实有"怡亭"和"彝亭"等多种写法。如清代朱丕成《唯亭棹歌三十首》的第一首"娄江东下入沧溟，舣客樯帆次第轻。一路棹歌声不断，小怡亭接大怡亭"中，就是用了"怡亭"这个写法。至于最后为什么选定的是"唯亭"而不是其他，想来其中应该还有别的道理，只是我们不知道罢了。

再说第二个说法。这个说法只是"有人认为"，并无史籍为据，更加不足为信。这座亭子是为纪念宋代至和年间娄江治水工程竣工而建的，因为竣工是在乙未年，所以命名为乙未亭。亭子建成的同时，负责此项工程的昆山主簿邱与权撰写了一篇《至和塘记》，其中有这样一句话："初，治河至唯亭，得古闸，用柏合抱，以为楹。"邱与权作为地方大员，写的是亲身经历的大事，他的记述应该是确切的。由此我们可以认定，"唯亭"这个地名在建造乙未亭之前就已经有了。因此"镇名由此（此，指乙未亭）而来"是不成立的。

另外，在《元和唯亭志》中，关于夷亭和唯亭的名称，还有两个说法：一是"《图经续记》云，古馆名也。旧传馆凡八，全吴、通波、龙门、临顿、乌鹊、升羽、江枫、夷亭"。这里是说，"夷亭"曾经是古代负责传递官方函件的一个馆驿名称。二是"新府志辨《吴地记》所引之非，谓今长洲东有僧坊号唯亭寺。唯亭寺，唯亭之名始此"。这里说"唯亭"本来是一个僧坊的名号，唯亭的名称就是从这里来的。对于这样的说法，《元和唯亭志》的编撰者沈藻采采取了非常审慎的态度，他说："唯亭寺，唯亭之名始此。然亦不知何据？未敢遽以为是，姑引之以俟考。"沈藻采不敢贸然断定这种说法是否正确，所以只是引用在此，以备考证。可见先贤沈藻采确实是一位非常严谨的学者，这种实事求是的态度令人敬仰。

说到这里，不免引出另外一个问题：唯亭这个名称究竟起于何时？根据笔者目前能查到的资料，"唯亭"二字作为地名，最早出现的时间是在宋代，昆山主簿邱与权撰写《至和塘记》，记述当年他主持疏浚至和塘（娄江）的经过时提到："治河至唯亭，得古闸。"至于当时唯亭究竟是怎样的一个地方，目前暂时无从考据。不过从这里曾经建闸可以推想，唯亭应该是一个有一定影响力的地方。另外，宋代还有过"潮到唯亭出状元"的说法，尽管这只是传说，但或许也可以把它作为唯亭这个地名在宋代已经存在的旁证。而在宋代以前，曾有过名称叫"夷亭"的驿馆，也有过寺庙叫"唯亭寺"，但这跟作为地名的唯亭究竟有什么关系，目前尚未可知。

唯亭这个地名在宋代已经存在，这是有客观事实为依据的，可以确信无疑。但唯亭作为一个镇的建制出现在官方的文件中，时间则要晚得多。

综上所述，我们可以得到这样的认识：唯亭作为一个地名，至少在宋至和二年（1055）之前就已经存在，而作为一个镇邑的建置则可能要到明代。至于唯亭这个名称究竟是怎么来的，目前尚无确切的资料可资查考，看来这个问题要留待专家研究了。

历史古迹

草鞋山

要说影响力最大的唯亭古迹，当然非草鞋山莫属，现在这里已然是闻名中外的历史遗址。但在清道光年间沈藻采编撰的《元和唯亭志》中，对草鞋山的记载却只有这么一句话："在唯亭山之西，枕阳城湖滨，形如草履，因名。"下面还附了一首彭绍益的诗，题为《初夏陪王丈山乔、沈松斋、朱椒堂登草鞋山，望阳城湖，次椒堂韵》。诗中写道："嬉游几日闹春台，偶上平林亦快哉。丛树绿阴环水映，远山爽气扑衣来。逸情云上歌声遏，快论风生笑口开。坐久如僧忘却起，归筇未许夕阳催。"诗中内容写的都是游览的情景，实际跟草鞋山并没有多大关系。由此可见，时人对草鞋山的历史文化价值是没有什么认识的。这也难怪，因为草鞋山貌不惊人，只是一块仅高出周边低田几米，形如草鞋的土山，普通人又怎么会想到它下面深藏的乾坤呢？

直到1956年11月，江苏省文管会组织文物普查的时候发现，这里是一处重要的历史遗址。于是在1958年8月，草鞋山被公布为江苏省文物保护单位。

后来，附近的砖瓦厂在旁边挖土做砖坯时，挖到了玉琮、玉璧等文物，立即报告上级文管部门。于是，1972年9月，南京博物院在吴县文管会的协助下，开始了对草鞋山的探掘。经过几个月的发掘，有了重大发现。1973年4月到7月，南京大学历史系、苏州博物馆考古组也加

草鞋山考古遗址公园

入进来，联合开展大规模考古发掘。经过两次发掘，发现这里文化堆积层厚达十一米，从地层叠压关系来看，可以分为十个层次，其中包含了马家浜文化、崧泽文化、良渚文化和吴越文化等各个不同的历史时期，时间跨度长达六千多年，被考古界称为"江南史前文化标尺"。

这一次发掘，在最底下的第十层，发现了大量建造房屋的柱洞，还有垫在下面的木板，地上有铺过芦席、篾席的痕迹。专家判定，这是太湖地区发现最早的原始先民的住房。同时还发现了炭化的籼稻、粳稻的谷粒，这是我国最早的人工栽培水稻的实物佐证。另外还发现了三小块炭化的纺织物残片，经测定，这是我国出土的最早的纺织品实物。有吃有穿，安居乐业，可见我们唯亭的原始先民，祖祖辈辈在这片毫不起眼的土坡上繁衍生息，居然生活了几千年，真是世所罕见的奇迹。

在马家浜时期的文化层中，发现了大量陶器制品，器形包括各种生活用具，样式丰富多彩。在良渚时期的第二、三、四层，发现了很多石制的生产工具；还有为数不少的精美玉器。其中在一座典型的良渚文化类型墓葬中，出土了一件通高三十一点六厘米的大型玉琮。玉琮呈深褐色，外方内圆，刻有兽面纹饰，制作精美。玉琮是先民祭神的重要礼器，这是国内第一次在良渚文化类型墓葬中发现，因此被誉为"中华第一玉琮"，现收藏在苏州博物馆。

草鞋山考古的这些重大发现，立即引起了轰动。《光明日报》及有关专业刊物都作了报道，在国内外产生了很大的影响。在考古发掘的过程中，唯亭的老百姓纷纷赶往现场去参观，笔者也曾去看过，一时真是盛况空前。

从此，草鞋山就以其悠久的历史和深厚的文化载入史册，成为我们唯亭人民的骄傲。

夷陵山

夷陵山在草鞋山东南，相距不远，仅一路之隔。但高有"六丈余"，远远超过草鞋山的体量。据《元和唯亭志》载，"故老相传山为吴王夷昧墓，因名"。这里用"故老相传"的用语来表达，还是比较客观的。事实上，说夷陵山是吴王夷昧墓真的只是一个传说，并无史实根据。考据历史，第一代吴王寿梦的第三个儿子叫余昧而不是"夷昧"，况且他当吴王只有四年，于公元前527年因病去世。这个时间点比传说中吴王阖闾东征御夷建造夷亭的故事还要早二十多年，因此，说余昧葬在这里，所以叫夷陵山，可能只是戏说。再说，假如这里真是古代的王墓，文物考古部门不会不把它作为一个遗址来加以保护，但事实上从来没有。就像草鞋山，在1956年江苏省文管会组织文物普查的时候，就被确定为一处古文化遗址，而近在咫尺的夷陵山却并没有进入专家的法眼。可见吴王夷昧墓之说基本是无稽之谈。20世纪70年代，附近砖瓦厂在这里取土制砖，挖到过一些古代的玉器和陶器，可见这里确实也曾经有古人活动的遗迹。

《元和唯亭志》还说：山顶原有一座汉寿亭侯关帝阁，什么时候建造的无法考证，只是到清朝道光年间，因年久失修，行将坍塌。唯亭乡绅沈巽捐资进行了修葺，同时还开出一条山路，铺上步石，便于上山。不过到20世纪60年代初，那时我们爬夷陵山玩，山顶上不要说关帝阁，就

夷陵山

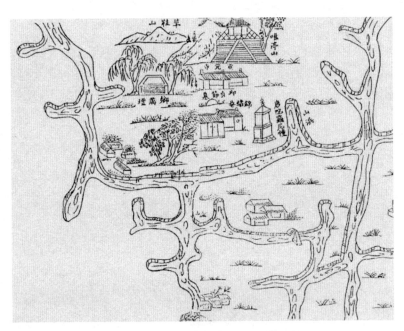

曲水环山

是断壁残垣都看不到了,只是地上还留有一些瓦砾。山顶有个类似于高压电线铁塔那样的"木塔",不过体量小得多,高不过五米左右。据说这是航测塔,是供飞机在空中观察定位的。在半山腰,我们看见有个很大的洞,不敢贸然进去,于是就只在山顶往四下里极目远眺。北面是浩渺的阳澄湖,好大的水面,一眼望不到边,只见得一片波光粼粼;南面除了村庄、农田,还可以看到铁路上喷着黑烟奔驰的火车。如果天朗气清,往东可以影影绰绰望得见昆山的马鞍山;往西可以看到苏州城里的北寺塔。清人朱丕成有一首《登唯亭山》诗:"敝庐在东郭,四眺无高山。舍北有大阜,兴来时一攀。淼淼沧波逝,悠悠白云闲。物我两无与,日暮长歌还。""淼淼沧波逝,悠悠白云闲",不就是我们看到的情景吗?

当然,这也都是六十年前的情景了。再往后,天长日久,风吹雨打,加上不断有人去挖土派用场,曾经"高高在上"的夷陵山不断"缩水",变得满目疮痍,现在更是"老态龙钟"了。不熟悉情况的人去看,只见是一个杂草丛生的土墩,因此有些不专业的刊物介绍草鞋山的时候,常常张冠李戴,错把残存的夷陵山的照片当作草鞋山印在书上,真是莫名其妙。不过,就这样一个残存的土墩,如果任其自生自灭,估计也用不了多长时间,最终将在风雨的剥蚀之下彻底消失在人们的视野之中。好在目前已新建了考古遗址公园,将其保护起来了。

乙未亭

乙未亭也是唯亭的一个重量级古迹。追溯这座亭子的历史，至今要有近千年了。宋朝至和二年（1055），昆山主簿邱与权主持疏浚修筑至和塘，工程完成之后，他撰写了一篇《至和塘记》，镌刻于石碑作为纪念，然后造了一座亭子，意在保护石碑。因为当年是农历乙未年，所以称之为乙未亭。不过，这座宋代建造的亭子到清朝的时候就没了踪迹，无从查考了。

到清道光十五年（1835），唯亭乡绅沈巽、王有庆等，报请时任江苏巡抚林则徐批准，捐资重修沙湖石堤，事成

乙未亭

之后，勒碑记事。碑额为《重建至和塘乙未亭记》，碑文由时任江苏巡抚苏松等处布政使司布政使陈銮所撰，苏州府海防同知杨承湛书写，吴门毛上珍镌刻。于是重新建造亭子，以保护这块石碑。巧合的是，当年又是乙未年，所以亭子还是叫乙未亭。不过这不是宋朝原版，而是清代的再版了。这座亭子就建在霖雨大桥北堍的东侧，也就是东城隍庙大门外的东南，背东面西，形制不大。它实际上只是一个半亭，因为只有前面有两只翘起的檐角。我在60年代初去看过，外面有木栅栏围着，望进去里面黑咕隆咚，破烂不堪，感觉好像就要坍塌的样子。到后来"破四旧"，乙未亭就被拆掉了。

到1978年，吴县文管会斥资重新修建了乙未亭。1984年9月，又移建到旁边的唯亭居委会后园，亭子的方位变为坐北面南，这就是我们后来看见的新版乙未亭。算起来，这是自宋至和二年初建以来的第三个和第四个版本了。因其具有一定的历史价值，所以在1986年3月被认定为吴县文物保护单位，1995年调整为苏州市文物保护单位。

说到乙未亭，还可以顺带提一下同样建在宋代的问潮馆，位置就在附近，跟乙未亭相距没几步路。据《元和唯亭志》记载："问潮馆，相传在状元泾桥左。王岱东云，宋邑令叶子强筑，俗名湖亭。"这里有个传说故事：据《中吴纪闻》记载，唯亭以前从来没有潮水，到宋代绍兴年间开始有了，但还在离唯亭二十里外。淳熙八年（1181），有一次大潮汹涌，冲过了唯亭，直达苏州城外。当时有个云游道人说过一句："潮到唯亭出状元。"后来果然有昆山

元泾听潮

人卫泾中了状元。对此,《元和唯亭志》的编撰者沈藻采在"问潮馆"条下写了这样一句按语"殆叶公既建于昆山而又筑于唯亭与",此话耐人寻味。不过,唯亭的文人学士却很当回事,他们把"元泾听潮"列为"唯亭八景"之一。诗人归圣脉还有题诗:"状元桥畔有湖亭,八月潮来夜半听。浪涌溪头来瀚海,名传宇内耀文星。龙腾自是符天纪,鳌占应须识地灵。百谷朝宗旋转至,滔滔雄荐绕王庭。"在《元和唯亭志》中还配有图画,但那可能是作者根据传说所创制。根据志书中用"相传"二字来表达,可见编撰者也只是根据传说作了记载。反正后来那地方是连问潮馆的影子都没有了,清人都不知道它是什么时候消失的,更不要说今人了。

附：《重建至和塘乙未亭记》释读

至和塘乙未亭者，宋至和二年乙未，昆山主簿邱与权为塘既成，勒碑筑亭而藏之。盖以斯塘，据地之险要，用资巨而施工艰，与朝廷历年区画之详慎，至是观其成功，故以"至和"名塘，"乙未"名亭，用谂后人，勿替兹役。

释读：至和塘边的乙未亭，是宋朝至和二年，农历乙未年所建。当年昆山主簿邱与权主持修筑河塘，完工之后，镌刻石碑记事，并造亭子加以保护。这条至和塘，地处险要，耗资巨大，工程艰难，由于朝廷多年以来详尽规划，现在终于取得成功。之所以用"至和"来命名河塘，用"乙未"来命名亭子，来告诫后人，不要忘记这项重大的工程。

顾自宋迄今，计甲子十三度，塘屡坏屡修，而碑与亭

重建至和塘乙未亭记碑（局部）

不知毁于何代。邑之人士至无有能仿佛其地者。呜摩，与权之为是塘也，民食其德者七百八十余年，以生以息相忘于饮食耕凿，而残碑断础亦随陵谷而俱尽，是亦士大夫所当憬然而思，穆然而太息者矣！

释读：自从宋代到现在，已经过去十三年了，塘岸屡屡毁损又重修，而当年的石碑和亭子都不知毁于哪个朝代了，以至于乡里没人能再原样恢复重建。唉，邱与权当年修筑至和塘，使这里的百姓享受他的恩德七百八十多年，世世代代，生生不息地在这里耕种生活。可到现在，乙未亭的残损石碑和断裂的柱础都随着岁月的流逝而全部消失了。对此，士大夫们也该有所反思而扼腕叹息吧？

予官吴中十年，往来苏松，辄见长堤如虹，横亘于碧波万顷之际，所以利舟楫、便行旅、通灌输、严巡逻者，其功甚伟。比年以来，土石颓圮，日就崩缺，亟思辑而新之。邑绅沈君巽、王君有庆，输赀督工，身任兹事。经始于四月二十一日，落成于七月朔日，为役九旬有奇，功以克举。又遏小宁浦之通湖者，以防宵小之出没。筑亭于灵雨桥之北，揭以与权旧名，而请为之记。

释读：我在吴中为官十年，常常坐船来往于苏州、松江之间，途中总能看见这条长堤如长虹般横卧在碧波万顷的水面上。它给过往船只、途中客旅带来了很多好处，同时还沟通了灌溉的水系，也有助于治安巡逻，真是功德无量。近年来，由于长期水流冲击，堤岸土石崩塌，造成了很多缺口，我也极想重新修葺。乡里士绅沈巽、王有庆，募集资金，发起了对塘岸的整修，并亲自监督此项工程。

从四月二十一日开始,到七月初一为止,历时九十多天,终于完成了塘岸的修筑。同时还阻断了南边小宁浦通沙湖的水道,以防止水上盗贼出没。完工之后,他们在灵雨桥北重造了亭子,还是沿用邱与权原来的"乙未亭"之名,并邀请我为此作记。

予惟东南泽国,堤防堰潴之利,所在多有。独省会迤东距昆山县城七十余里,北纳阳城湖,南吐吴淞江,风涛迅悍,漂民田庐,不特奸宄遁匿,即帆樯涉险,在在可虑。是塘既建,遂为夷涂,其为公私利赖最巨。今王君既蠲缗若干,沈君复身督工役,土韧石坚,克以巩固,急公慕义之诚有足嘉者。若夫是亭之成,先后皆以"乙未"称名取义,殆非偶然。予尤乐为之记。时道光十五年乙未冬十一月。

释读:我们这里地处东南水乡,修好各种水利工程好处很多。苏州往东到昆山县城有七十多里,水流北通阳城湖,南达吴淞江,风浪凶猛,乡民的田地房屋常常因此受害。在水上航行,不要说遭遇盗贼的侵扰,就是风浪的危险也时时令人忧虑。建成了这条塘岸,往日的水面就变成了平安的通道,无论公私,都能享受很大的好处。如今,王君捐资,沈君督工,运土筑石,加固了堤岸,这种急公好义之举真值得称赞。现在亭子落成了,竟然前后都是以"乙未"来命名,这绝对不是偶然之事。我非常高兴为此作记。时间是道光十五年乙未冬十一月。

《元和唯亭志》在载录这篇记的时候,编者沈藻采在下面附了一条按语:"今所修沙湖石堤,非即邱与权所筑至和塘。是记合塘与堤而为一,故不甚明晰,想未经检点欤。"按语非常中肯地指出了陈銮所作之记出现的谬误。本来当事人请他作记,是为重修了沙湖石堤,结果他老人家大笔一挥,洋洋洒洒写了一大篇,把宋代邱与权修筑至和塘的事都牵扯进去了。他是地方大员,别人即使看出问题,也不会给他指出,以致留下了笑柄。

重元寺

关于重元寺,清道光《元和唯亭志》是这样说的:"重元禅寺在唯亭山麓。自唐有之,建始无考,相传唐时为吴中一巨刹。"它告诉我们,重元寺原名重元禅寺,位置在唯亭山(亦称夷陵山)麓,唐朝时候就有了,究竟是什么时候建造的无法查考,据说唐朝时属于吴中巨刹。寥寥几句话,内容很简略,可见,当时人们对重元寺的认识是比较粗浅的。现在,经专家考证,我们知道的情况就丰富得多了。

重元寺始建于梁武帝天监二年(503),跟枫桥寒山

重元寺旧础

寺、木渎灵岩寺、甪直保圣寺同属一个时代，至今已有一千五百多年了。自从建成以来，千百年间，重元寺几经兴废，发生了很大的变化。

重元寺最初的建造，据说还有这样的故事：一天傍晚，住在长洲县衙西北的官员陆僧瓒，看见官宅上空祥云汇聚，于是突发奇想，奏请梁武帝，表示愿意捐出自家官宅，在原地改建一座寺庙。梁武帝欣然同意，并赐匾"大梁广德重玄寺"，以示嘉许。

寺庙建成之后，香火旺盛，一直延续到中唐时代。时任苏州刺史的大诗人韦应物曾写过一首《登重元寺阁》："时暇陟云构，晨霁澄景光。始见吴都大，十里郁苍苍。山川表明丽，湖海吞大荒。合沓臻水陆，骈阗会四方。俗繁节又喧，雨顺物亦康。禽鱼各翔泳，草木遍芬芳。于兹省甿俗，一用劝耕桑……"诗作主要描述了诗人登临重元寺阁所见的壮丽景象。"始见吴都大，十里郁苍苍。山川表明丽，湖海吞大荒。"从这几句诗中，我们可以想见当时重元寺有多么高大巍峨。其时，诗人皮日休、陆龟蒙等也都有描写重元寺的诗作，可见其影响力是非同一般的。

到唐后期的武宗会昌二年（842），国内爆发了规模浩大的灭佛运动，苏州城里的寺庙大量被毁，僧人纷纷外逃，另选偏远的地方重建寺庙，这样，在地处偏僻的阳澄湖畔就出现了一座新的重元寺。后来到吴越王钱镠的时代，曾对重元寺进行过大规模的修葺。重修后的重元寺，规模宏大，殿阁崇丽，气势不凡。元代至顺年间，重元寺曾毁于大火。但过了不久，就有僧人对其进行了重建，重元寺再次恢复一新。此时的重元寺，寺内有高大的无量寿佛铜像，还有盘沟大圣祠、灵佑庙和万佛阁。其规模气势，在吴中是首屈一指的。

到清朝道光年间，沈藻采编撰方志的时候说，重元寺已经没有了，只在寺前还留下来一座唐代建的石幢。实际上，庙产房舍还在那里，只不过寺庙的功能可能已经不存在了。到民国初期，地方政府借用重元寺的庙屋创办了一所乡立初等小学校——夷陵小学。之后，学校就在这里一直延续下去，规模有所扩展。到1957年，学校成为完全小学，改名为唯亭乡夷陵小学。我年少时候去夷陵山玩，

新重元寺

到过夷陵小学，看到该校的教室高大轩敞，感到非常惊奇。那时候，学校前面还有一棵无比高大的香樟树，枝繁叶茂，树上枝丫间可以看见有很大的鸟窠，地上撒满了鸟粪。毫无疑问，这是一株树龄可观的古树，可惜在60年代初被无情砍伐，不知拿去派了什么用场。重元寺建筑也在那时被彻底毁灭了。

值得庆幸的是，到2003年11月，经江苏省人民政府批准，苏州工业园区有关部门主持恢复重建了重元寺。新的重元寺地处风景秀丽的阳澄湖半岛，旁边就是赫赫有名的莲池。每到夏季，满池碧荷盛开，叶绿花红，风光旖旎。巍峨的寺院建筑，高达三十三米的观音圣像，与阳澄湖的自然风光融为一体。

延福寺

延福寺这个名称看起来或许有点陌生，但是只要告诉你，原来位于东街的唯亭中心小学就是延福寺的旧址，这样很多人就清楚了。

延福寺是宋代开庆年间由法印和尚创建的，旧称延福禅寺。据《元和唯亭志》记载，延福寺后殿天井有棵银杏树，是当年法印和尚亲手种植的。尽管这棵树多次遭到雷击，但到清朝时还在，树干粗壮，要十多人合抱，高有数十丈，树冠庞大，浓荫匝地。原来寺中建筑有梅花涧、半舫楼等，后来历代多有修葺、改建。明朝嘉靖末年，里人归大同曾经重修。到清朝康熙年间，寺内大殿倾坍，房廊残破，僧人心达倾力修缮。乾隆三十四年（1769），里人李潮、王毓秀等斥资，在原来的梅花涧旧址改建了斗姥阁和文昌殿。同时，聘请邓尉宗派高僧明愍上人来延福寺当住持。明愍上人佛道高深，主持有方。经过几年经营，云堂佛像金碧辉煌，寺院面貌焕然一新。据《长洲县志》载，延福寺收藏有宋刻《法华经》，"字法遒劲，真旧时法物也。人争宝之"。文人学士到此，都要前来鉴赏，一睹为快。乾隆五十三年（1788），明愍上人在寺院西北角建造了一座写经轩。他本来擅长书法，写经轩落成之后他就在里面抄写了全部《法华经》，一时传为佳话。时有朱丕成撰《延福寺写经轩记》，赞曰："千年古刹，赖以振兴，其功德为无量矣。"据记载，乾隆五十五年（1790），考中状元的吴县石蕴玉曾经跟他唯亭的内亲顾凤梧,一起在延福寺内读过书。

到嘉庆初年,明愍上人又在斗姥阁的东侧建造了一座魁星阁。嘉庆二十四年(1819),地藏殿发生火灾被烧毁,于道光元年(1821)重建。到道光二十一年(1841),里人沈宗朝、朱骥云领头募集资金重修。

据《元和唯亭志》记载,延福寺外围原有"一水回环,如金钩挂月"。西侧有条堤岸,堤岸上有座古碑,宽三尺左右,高一丈有余,碑上阳刻"分水堤"三个大字。这碑是元代昆山学正王梦声所立。王梦声,本是浙江严州分水人。他当学正的时候,看到唯亭民风淳朴,就开渠筑堤,定居在此。为了表示不忘故土,他特地立碑,写了"分水堤"三字刻在碑上。但到道光年间,古碑已经没有了,只剩下碑的基座还在。至于外围的水流,到后来我们看到的只是西侧有一条小河浜,大家称之为寺浜。寺浜南头是一个断头的浜兜,向北再转折向东,穿过寺浜村,一直连通到东面的状元泾。

延福寺的景观,前人称之为"古寺乔柯",被列入"唯亭八景"之一。归圣脉曾题诗云:"环溪挂月似金钩,刹院萧疏景独幽。乔木十围垂铁干,游鱼一曲纵清流。佛经书法珍华藏,宦迹留题著古丘。半舫楼头参玉版,任他尘世禅春秋。"一首七律把延福寺的景观、珍宝全都包括在了里面,堪称佳构。

时间到了光绪三十二年(1906),这年正月,唯亭创办了第一所初等小学堂,校址就设在延福寺内。学校是单级编制,教室设在大雄宝殿的后面,大殿东西两侧厢房分

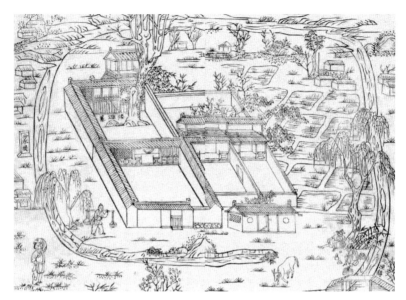

古寺乔柯

别作为教师办公室和住房。

1950年5月,唯亭建立派出所,所址就设在延福寺;时间不长,到1951年10月,派出所就搬到中街去了。从此,旧时的延福寺完全变成了新时代的唯亭中心小学,学校几经改造建设,原来的寺院旧貌就完全消失了。到50年代我们入校读书,就根本不知道这里原来居然还是一座赫赫有名的千年古寺。曾经听说过这里原有三国东吴丞相陆逊的墓,但考查史籍,发现江浙一带好几个地方都有陆逊墓的记载,看来延福寺这里又是个传说,并无确切依据。

历史变迁,沧海桑田,旧的消失,新的诞生,这本来也是社会发展的客观规律。只是由于年代久远,史料缺失,后人无法了解某些事件的具体情况。例如,延福寺的宋代古银杏树和宋版《法华经》，清道光年间还在，距今还不到两百年，怎么会一下子就消失得无影无踪了？关于那棵银杏树，当时的文人朱丕成、顾昀都写过诗歌，赞颂其顽强的生命力，不知后来发生了什么事情？珍贵的宋版《法华经》又到哪里去了？这些都没有见诸文字记载，留下如此疑问，真是令人遗憾！

城隍庙

从前,唯亭有两座城隍庙,分别位于镇东和镇西。

东城隍庙

东城隍庙位置在霖雨大桥北堍,是清朝雍正年间由乡里人集资募捐建造的。据《元和唯亭志》载:此庙"殿寝门庑,并极壮丽"。清朝嘉庆初年,庙东北沿河一带慢慢坍塌。后来有庙祝汪学经在嘉庆十三年(1808)春劝募集资重修,庙里增建了井亭,格局更加规整。当时,"庙东有稻花香处、花坞旱船诸胜",可见周边环境十分优美,真可谓是一处佳境。每到春秋时节,风和日丽,乡里的学

东城隍庙遗址

士书生常常汇聚到这里来读书谈艺，形成了一道独特的风景。

到民国年间，东城隍庙的性质、用途发生了变化，成为军警驻扎的处所。1928年，唯亭设立吴县公安局下辖的警察分驻所，所址就设在这里。日伪时期，这里曾驻扎有汪伪"和平军"的一个连。

中华人民共和国成立后，中央提出加强粮食储备的工作方针，于是东城隍庙在1951年被改造为一个规模很大的粮仓，一直用了二十多年。80年代初，唯亭镇居民委员会的办公地点就设在这个地方。

西城隍庙

西城隍庙位置在西街中段，是清朝康熙年间乡人募集资金建造的。关于其规制、格局，志书未见记载，只是说庙里所供菩萨十分灵验，乡人很是崇信。在民国年间，这座大庙派过很多别的用场。

1930年8月，在西城隍庙创办了吴县第五民众教育馆。民教馆设有民众识字班、民众茶室、弈棋室、乒乓室、书报阅览室等，里面还有体育场，民众参加活动十分踊跃。

1932年，为了纪念参加淞沪抗战的驻军旅长翁照垣，地方集资在这里建造了一座纪念亭。

1936年，国民革命军36师下属兵士数十人，驻扎在这庙里。

1937年11月，日军侵占苏州，唯亭沦陷，这里变成了日军警备分队的驻地。

中华人民共和国成立以后,西城隍庙同样被改造为唯亭粮库的一个储粮仓库。直到60年代后期,在"文化大革命"中被彻底拆毁,变成了一个广场。

1975年,这里建造了唯亭马铁厂,曾经一度创造过唯亭镇办企业的辉煌。

关帝庙

关帝庙位于唯亭镇中心地段。这里原来是清初唯亭有名孝子王石林家的住宅。据说有一年时局动乱，土寇劫掠，王石林感恩关帝显灵，保佑全家度过了劫难，于是就捐出自家住宅，跟乡人一起，合力建造了一座关帝庙。到乾隆二十二年（1757），庙宇年久失修，将要坍塌，乡人自发集资募捐，重新修葺。而且，在大殿后面还建造了一个文昌阁，专门作为文人学士聚会的场所。

民国以后，关帝庙移作他用，派上了很多用场。

1919年，苏州商团成立唯亭支部，地址就设在关帝

关帝庙遗址

庙。1928年,唯亭设立区保卫团,负责地方安全保卫,维持社会治安,团址设在关帝庙。1940年,汪伪"和平军"的一个连部,在这里驻扎了一年多时间。

中华人民共和国成立后,关帝庙也获得了新生,为社会事业的发展发挥了很好的作用。

1951年,唯亭区政府为了满足社会青年求学的愿望,在关帝庙里创办了两个初中补习班,有六十多名学生,直到1953年秋季撤班。

1952年,唯亭中心小学因规模扩大,校舍紧缺,就在关帝庙里办了分校,安排两个一年级班和两个幼儿班在这里上课。

1958年9月,唯亭成立人民公社,为满足公众活动和大型会议的需要,政府决议拆除关帝庙原有建筑,改建成唯亭人民大会堂。从此,古老的关帝庙完成了最后的蝶变,以崭新的面貌登上了唯亭的历史舞台。

石塘岸

以前在唯亭镇西南方向，距离大约一千五百米路的地方，有一个面积二点二平方千米的湖泊——沙湖。1970年，开展围湖造田，种植粮食，只留下一小部分水面用来养鱼，沙湖作为一个曾经赫赫有名的湖泊从此消失。

沙湖虽然比不上阳澄湖，水面不是很大，但因其南通吴淞江，水系发达，所以水产品种非常丰富，特别是有特种水生动物栖息其中，这是其他湖泊所没有的。据《唯亭镇志》记载，解放初，下塘归家港村民在沙湖边的鱼池里捉到一只巨鳖（即斑鳖，俗称癞团鼋），有二十六千克重，被宰杀之后烹饪吃掉了。后来，又有渔民在沙湖里用滚钩捕到一只雌性巨鳖，重达五十四千克，跟大的浴盆差不多大小，后由上海同发动物园收购后展出，供游人参观。记得前几年，苏州动物园的最后一只雌性斑鳖因衰老死去，之前曾经专家对其进行抢救繁殖，期望能保住这个种群，但最终没有成功，一时引起了全社会的广泛关注。沙湖居然能接连捕捉到斑鳖，不能不说是一个奇迹——可惜这样的奇迹已经一去不返了。

说到沙湖，影响最大的还是那里曾经有过一处古老的历史遗迹——沙湖石堤，周边乡民称之为石塘岸。

从前，沙湖跟娄江连为一体，此地整个就是白茫茫的一片浩渺水面。而娄江是苏州通往昆山、太仓、嘉定的必经之路，舟船来往频繁。每逢天气变化，风急浪高，波

金沙落照

涛滚滚，过往船只常常遇险。南风刮来，沙湖波涛汹涌，会把过往船只冲向北岸，不得动弹；北风骤起，船只又常常被刮往湖中，弄得不好就会翻船。过往客商迫不得已，只好停船靠岸，躲避风浪，岂料又经常会遭遇盗寇劫掠，真乃苦不堪言。到明朝弘治九年（1496），工部主事姚文灏巡视，看到沙湖风浪险恶，且过往客舟多有遇难，因此决心在此修筑一条夹堤，把沙湖和娄江隔开，以减小风浪影响。筑堤工程进行了两年，将近要完成的时候，姚文灏因病去世。之后，接任的郎中傅潮继续修筑，终于完成了这项艰巨的工程。据《元和唯亭志》载，此堤宽三丈，长三百六十丈。为此，苏州状元吴宽曾撰写了《沙湖堤记》，文中称赞这项工程道："如是堤然，盖耕者无浸淫之苦，则安于田亩；行者无复溺之忧，则乐于道路；贾者无掠夺之恐，则保其货财。利何溥于此！"

此堤坝用沙土修筑，时间一长，经水浪冲击，难免逐渐坍塌。到万历二十六年（1598），浒墅钞关户部主事管学畏筹集银子一千四百多两，重新修补，筑了七十五丈长、六尺宽的一段石堤。事成，有唐时升作《重筑沙湖堤记》称："阅月，金尽而堤成焉。内涵外流，狂澜不兴，东船西舫，如涉康庄，民甚乐之。"

到清道光十五年（1835），唯亭乡绅沈巽见沙湖石堤坍塌严重，参见时任江苏巡抚的林则徐，报告水害情况，并征得同意启动修复工程，于是劝募同乡绅士王有庆捐银一千余两，修复石堤三百二十五丈，并修筑好西首被大水冲开的缺口三丈多。由于此次修复是用巨石筑堤，因此一直到20世纪60年代，经历了一百多年的水浪冲击，这条西起斜塘龙墩山附近，东到唯亭湖田里村的石塘岸，横亘在沙湖和娄江之间，姿态还是保持基本完好。

这条沙湖石堤从明朝弘治年间始建，之后多次修补，前后历时四百七十多年，护佑了多少过往舟船及周边乡民的安全，真是令人感慨！到1970年，沙湖抽干造田，石塘岸也就失去了它存在的意义，那些当年先贤捐资为筑堤购买的巨石也都移作了他用。当年，笔者正好在沙湖旁边的湖田里村务农。村里响应政府号召，要建养猪场，由于缺乏建筑材料，于是就只好动脑筋，晚上偷偷地去把那里的石头运回来搭建。那石头长近两米，大约五十厘米见方，重达千斤。两档扛棒，四个壮汉，先要将其扛到船上，运回来，再从船上扛到岸上，真是费尽了九牛二虎之力！当时发现，每块石头的两端都凿有一个饭碗大小的圆圈，问过前辈，他们说这是清朝政府做的标记，以防民间盗取。如果盗窃者一旦被发现，那么此人定是要吃官司的。原来如此！

这是一段过往的历史，尽管石塘岸已经杳无踪迹，但先贤们为民造福的事迹让我们永志难忘！

古石桥

唯亭地处江南水乡,境内遍布河湖港汊,俗话说"遇水架桥",所以在我们乡里桥特别多。据《元和唯亭志》记载:"近镇桥梁,不下百计。"但是随着历史变迁,到我们这一辈,能看到的古桥已经不多了,所以只能选几座留存时间比较长的来盘点一下。

说到唯亭的桥,大家首先想到的一定会是那座赫赫有名的大桥——阜民霖雨桥。大桥高大巍峨,横跨在娄江河上,勾连了唯亭古镇上塘和下塘的交通,是我们家乡特色鲜明的地标。其实,要说历史,这座大桥在镇区范围内还

石桥夜月

状元泾桥旧梁石（局部）

只能算是"小弟弟"。据史志记载，阜民霖雨桥建于清朝康熙三十二年（1693），到1977年娄江拓宽的时候拆除，存在了二百八十四年。而镇上驷马泾桥、状元泾桥和仁寿桥的建造时间都要比它早。

驷马泾桥究竟是什么时候初建的，目前已经失考，只知道在明代万历四十三年（1615）已经重建过了。这重建的时间比阜民霖雨桥初建还要早几十年。不过，这座古石桥在中华人民共和国成立以后改建成了水泥拱桥，它的原貌我们无缘见识。而且，关于这座桥的结构样式，志书的记载也是一笔糊涂账：《元和唯亭志》的"唯亭镇图"画的是石拱桥，而归圣脉题《唯亭八景·石桥夜月》，诗中第一句说"驷马题名耸石梁"，这样说来驷马泾桥是不是石梁桥？《唯亭镇志》则说是"石板桥"。众说不一，莫衷一是。

状元泾桥据说最早建于宋代，在明万历末年和清乾隆三十二年（1767）曾两次重建。说它建于宋代，大概是跟历史传说有关。据《中吴纪闻》记载，唯亭向来没有潮水，但到宋代淳熙年间，突然有一次大潮到了唯亭。当时，市上有个云游道人说："潮到唯亭出状元。"结果，那一年果然昆山有卫泾状元及第。所以地方就把原来的章家桥改名为状元泾桥。这只是一个传说，是否可靠很难说。为什么昆山考中了状元要在唯亭纪念？如果真是"潮到唯亭"的缘故，那为什么要改桥名？这桥在娄江旁边，跟滚滚大潮又有什么关联？这些都是问题，所以只能权当故事听听罢了。

　　仁寿桥创建于明代成化元年（1465），距今已经有五百五十多年历史。目前还在唯亭镇西，横跨在木沉港口。所以，要论唯亭镇区的古桥，有资料可考的，那应该算仁寿桥资格最老了。此桥南北两侧都有桥联，南面的桥联是"里有仁风是怀葛；人登寿域尽彭佺"，联中嵌入了桥名"仁寿"二字。北面的桥联为"入市人逢江月晓；放舟客过海潮来"，主要描述了这里可见的自然景观。桥下的河道往北直通阳澄湖，所以站在桥上可以看到阳澄湖水和娄江河水在这里交汇，前者清澈，后者浑浊，真个是泾渭分明。仁寿桥南对面就是归家港，从前这里有成片的荷池，清朝时期，"渔沼荷风"被列为"唯亭八景"之一。先贤

仁寿桥

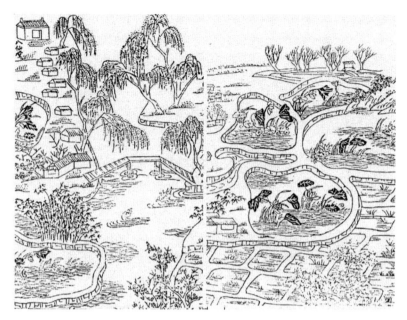

渔沼荷风

归圣脉曾题诗称"湖畔潆洄千亩池",这里"千亩"的范围不知是不是有点夸张?

现在再回过头来具体说说阜民霖雨桥。这座大桥不仅是沟通唯亭镇上塘和下塘的唯一通道,同时也是镇区前往东、南乡村的必经之路。过了桥,朝东走是百家圩村,朝南走是项田三家村。从前,我们要去偏远的祁村、后戴等乡村,乃至去相邻的胜浦乡,如果走陆路,都要从这大桥经过。

大桥创建于清康熙三十二年(1693)春,由乡里士绅尤本立领头募捐筹资建造。桥造好后,请督抚两院命名,他们分别题为"阜民"和"霖雨",形成了"一桥两名"。

两院题名,各有道理。"阜民"之"阜",意为丰盛,成语有云"民安物阜",形容社会安定,经济繁荣。可见阜民有称颂社会之意。霖雨(乙未亭内碑作"灵雨")的命名则来自故事传说。尤本立的后人尤崧镇有首《霖雨桥》诗,其中有诗句云:"相传是年患小旱,建桥得雨炎威转。大吏因题霖雨名,载锡阜民殊缱绻。"可见,当年唯亭遭受旱灾,大桥建成得雨,缓解了旱情,故以"霖雨"命名,以作纪念。此后,过了一百多年,到了道光三年(1823),大桥年久失修,有坍塌的危险。里人沈岵亭先生慨然捐资,朱云高紧随其后,帮助募捐。其后历尽艰辛,几经加捐,霖雨桥终于在第二年完工。其中经受的波折和磨难,在《元

霖雨桥

和唯亭志》中都有前人记载。

　　大桥两侧有桥联,东侧是"馆候潮声,涌地文澜盈万斛;峰延玉秀,凌云笔势健千秋",西侧为"雁齿吞波,东野降康均闿泽;虹腰亘岸,南风兴利普通津"。两对桥联用语古奥,要完全读懂恐怕不太容易。其意大致是这样的:东侧上联嵌入了故里流传很广的"潮到唯亭出状元"的掌故,下联借用东面昆山的玉峰,承接上联做文化的文章。西侧"雁齿吞波""虹腰亘岸"都是对大桥本身形象的描绘,后面的文字都是祈求吉祥安康的祝词。

　　出苏州娄门到昆山,这座大桥是最高大壮观的石拱桥,用数据来丈量,桥面离开水面应该有十几米。大桥也是唯亭的一个重要地标,从前在岸边拍照,与桥门洞留影的很多。桥顶有一个平台,平台中间雕凿有很好看的圆环形图案。站在桥顶向四周眺望,唯亭全景尽收眼底。天晴的时候,云淡风轻,向东可以隐隐约约望见昆山玉峰的身姿,向西可以看到苏州北寺塔的倩影。

　　这跨河的大桥,不仅便利了交通,还为居民群众在日常生活中提供了休憩玩乐的空间。盛夏酷暑,赤日炎炎,中午,过往的船只会停在桥下吃饭休息,借以避暑;入夜,桥上则是乘风凉的最佳去处,人们拖儿带女来到这里,石桥栏边常常是人满为患。最快乐的是活泼的孩子们,午后下水游泳,喜欢来到桥洞里,戏水玩乐,好不畅快!更有甚者,个别"英俊少年"会站到突出的"桥耳朵"上,高高跃起,一个"鹞子翻身",一头扎入水中,激起一片浪花,引来无数惊叫!当然,这是玩命的游戏,不是胆大包天的二三子,一般是不敢去尝试的。

就是这样一座有点历史、有点故事的大桥，在1978年娄江拓宽时被拆除，至于拆下来的那些条石、构件去了哪里，派上了什么用场，就都无人问津了。最令人遗憾的是，关于这座大桥的建筑规格，清代的《元和唯亭志》和新编的《唯亭镇志》均无记载。甚至连大桥外貌的原始照片，也无从查找；现在能看得见的大桥概貌，只有《唯亭镇志》中所刊潘志彤先生的一张素描画。真是可惜！

老街变迁

唯亭古镇依水而建，一条至和塘（娄江）穿镇而过。镇区分布在塘河两岸，分别称为上塘和下塘，主镇区在上塘。据《元和唯亭志》载，清朝时唯亭镇区的范围是上塘东起驷马泾桥，西至王店桥（仁寿桥）；下塘东起至德庙桥，西到归家港。这样的记载跟后来我们见到的情形有所不同：上塘在仁寿桥西还有很长一段街道，有居民，也有店铺，真正的市梢要到牌楼头为止；下塘的街道则不到归家港，差不多只到相对于上塘金弄堂的地段，再往西都是农田了。这样的差别，是不是道光年间撰成《元和唯亭志》以来发生的变化，亦未可知。

唯亭老街全长一千五百米左右，从前，主镇区商家林立，上下街都有店家，鳞次栉比，市井繁华。据《唯亭镇志》载，1949年年底，唯亭镇有大小私营工商业户二百六十二户。街道地上铺的是弹石，经年累月，都被磨得光溜溜的。头顶上面，搭有户棚，遮阳挡雨，行人来往可免受日晒雨淋之苦，可惜在"大跃进"时期被全部拆除。因此，所谓的"唯亭老街"，从时间节点来说，应该是在户棚拆除之前的街景。现在根据前辈乡贤回忆记录的资料，把镇上主要的商户及有关文化设施作一个基本的梳理。所列情况的时间段以中华人民共和国成立之后为主，有关重要的内容则适当拓展，略微往两端延伸。现从镇中心的关帝庙（后来的大会场）出发，先介绍东街。

东街

东街比较长,从关帝庙一直要到驷马泾桥为止。中间可分几段来说。

第一段,从大会场到摆渡口。

往东过圣庙弄,第一家是箍桶作,主人徐师傅,身材高大,是一位面容慈祥的老木匠,脸上总是笑眯眯的。

走过他家是唐氏诊所。唐家本以诊治痔瘘闻名,后来又拓展了牙科,目前已经传承三代,可以说是医学世家。

隔开几家,是魏施恩针灸诊所,门面上几扇玻璃格子门,给人印象很深,只是后辈未见有人传承医道。

再过去是唯亭食品站。在老百姓看来,这里就是一爿肉店,其实楼上是有办公室的。肉店对于我们这一辈人来说,有抹不去的记忆:从前肉比较紧张,排队买肉是老百

圣庙弄

姓生活中的常态，其中故事不少。每天猪肉供应数量有限，所以必须起得早，排在前头才有希望。去得晚了，轮到你，肉已经卖完，那就是一个"白蒲枣（唯亭人叫'白乌早'）"。后来肉的供应更加紧张，买肉要凭票，还要起早排队，以期望有限的肉票能买到好一点的猪肉。当时，猪的下脚是不要肉票的，因此猪头、猪肠等稀有品类更加抢手。为了赶在前面，"聪明人"会动脑筋，拿一只破篮，甚至一块残砖，作为一个"代表"，早早去排队。现在看来，那时人们这种纯朴的契约精神真是令人感佩。当然，有时候为了争先，也少不了吵架事件的发生。等排了队轮到买肉的时候，还要看看斩肉师傅的脸色，因为他"咔嚓"一刀下去，刀下大有乾坤，这是大家都懂的。所以，买肉的顾客大多是小心翼翼的，赔着笑脸看着师傅手起刀落。——想想那时候的生活，真是不容易！

　　肉店往东隔开一条狭小的弄堂，是唯亭供销社的百货商店。四大开间门面，五金电器、衣服鞋帽、书籍文具、体育器材一应俱全，各类商品琳琅满目。五金电器柜的老徐、书籍文具柜的老顾，都是业务非常专精的老师傅，我跟他们比较熟悉，所以有空的时候经常要去他们那里聊聊。因为这里经营范围广、品种多，在镇上又是独此一家，所以逢年过节，店里总是人头攒动，摩肩接踵，热闹的情景如同赶庙会一般。

　　过了百货商店是文化站，门面不大，只有一开间，但是里面的文化内涵很丰富。走进门，是用木架子挂着的一排铁丝编织的报夹，种类还不少，中央的、上海的、江苏的都有，每天都更换新的报纸。到这里看报，可以节省自

20世纪80年代新建的唯亭百货大楼

家一笔订报的费用,所以读者很多。再走进去,过一个小天井,里面有阅览室,架子上有画报,可以随意翻阅。有一个阶段,还有出租连环画的项目,这是小学生最感兴趣的事情。放学以后来到这里,一分钱租一本,大家看得津津有味。里面还有一间很大的厅堂,这是一个多功能的活动空间:要搞文艺活动,这里就是排练大厅;要组织体育活动,架好桌子,这里就是很好的乒乓球比赛场地。

文化站东是唯亭装卸社。从前,货物来往主要靠船运,装船卸货都是靠人力,这些很重的体力活都要靠装卸工人的"铁肩膀"来承担。所以,当时装卸社有很多人高马大、膀粗腰圆的壮士。后来即使慢慢用车的多了,也还是要靠工人来装卸,只是方式有所改变罢了。当然,现在是机械操作的多,工人就不会那么辛苦了。

再往东，从前有一条南北向的小河浜，河上有座不大的平桥，叫季泾桥。东边有条小路，叫典当弄，老百姓俗称它为桥浜弄。后来，娄江拓宽，在这里建造了唯亭大桥，于是小河被填平，变成一条大路，上大桥直通下塘，上下塘的来往就方便了。

过了桥浜弄，就到了唯亭的又一个地标——摆渡口。流经唯亭的塘河到这一段最窄，地段又在唯亭镇的中部，所以很早以前就在这里设了摆渡船，以方便两岸居民来往。摆渡口上街是一家门面很开阔的布店。原来唯亭私营布店很多，据1949年统计有十二家，公私合营的时候合并起来，范围也就比较大。布店里有两项工作技术含量很高：第一是卷布。就是把原来散装的布匹卷在一块狭长的木板上，以便出样陈列。操作的时候，只看见老师傅双手托着木板两端，不停地转动，随着他手腕一抖一抖，原来散开的一堆布料就整整齐齐地卷在板子上了，整个过程一气呵成，纹丝不乱。第二是剪布。顾客来买布，营业员用尺量好长度，稍微放出一点（这是行业规矩），用大剪刀剪开一个口子，然后纵向对折一下，剪刀就直接往前一推，"哗"的一声，布就被裁下来了，根本不用"咔嚓咔嚓"地剪，而且布口齐平，就像用刀切断的一样。剪好布，顾客付钱，营业员填好发票，夹到头顶上方的一根铅丝上，用力一挥，让它滑到高高的账台上，由会计来结算找零，再重新滑下来，找头付给顾客。

在这一个路段中，据记载，从前上街有袁记香烛店、寿尔康西药店、吴记漆匠店、赵记银匠店、天隆米行、吴鼎隆油酒店、李凤岗寿器店、集乐社茶馆、缪泰源南货店、大丰米业公所、孙泰和南货店、顾记箍桶作;下街有张记碗店、袁记鱼行、车记理发铺、邵记豆腐店等。这些店面到我们生活的20世纪五六十年代都没有了。

第二段,从摆渡口到寺浜弄。

从前,这个地段店家林立,一家挨着一家,比较繁华。自西往东,历数老店如下。

万春堂中药店。店面很大,在民国时期已经有点名气。最早的老板叫啥没人记得,大家都称他"四阿叔"。后来招了徽商朱肇祥当上门女婿,之后,药店就交给他们夫妇打理。印象中,老板身材挺拔,妻子娇小玲珑,两个人都很和善。公私合营时,药店并入国药合营商店,夫妻二人都是药店职工。

宏大源布店。这是朱家的产业,女主人徐惠英,是唯亭老字号正大布店老板徐季铨的女儿。她身材瘦小,给人的印象却是精明干练。公私合营之后,她进供销社的布店当普通营业员。到她那里剪布,量尺寸比较宽松,可见是个很会做生意的人。

王继根铁匠店。铺面很大,生意挺好。店里的设施跟别家的差不

打铁匠

多。据说，他家的特色产品拖泥链条质量在吴县范围内是很有名气的。

田家茶馆店。老板田桐生，身材高大。田家祖宅房子很多，茶馆开在沿街门面，往里面进去都是他家的房产。茶馆分两部分：上街是老虎灶，烧水给茶客冲茶，同时供居民泡水；下街是茶室，一天两市，生意兴隆。

茶馆店过去，有柯雅兰的小吃店、史家豆腐店、吴志广糖果店、朱记百货店、归记饭店、马庆仁银楼、王家米行、蒋记鱼行。其中柯家的馄饨据说味道不错，吃客很多；史家豆腐店是自做自卖，小本经营；王家米行上下街都是铺面，生意做得很大；马家银楼是一家影响力很大的老字号店铺。但中华人民共和国成立后，金银等贵金属实行管制，所以银楼就关门歇业了。

这一路段下街则有殷记理发铺、钱记理发铺、钱记竹器店、詹记肉铺、莫记鱼行、永兴粮行等。

再往东，就是赫赫有名的唯亭老字号潘万源。沿街三开间门面，中间是两扇大门的石库门，门头上面有高高的风火墙，气势不凡。进门一条通道，两边设有柜台，买酱菜，拷酱油、黄酒等都

《苏州明报》中关于唯亭潘万源、施正和、朱同茂等商户捐款的记载

老街变迁　55

在这里。第二进是酒堂,摆很多八仙桌,东壁靠墙是一排炉灶和作台,专门准备酒菜,可以供顾客随意点菜堂吃。再往里面去,后面是一大片空场,码放着空的酒坛,还有很多酱缸。旁边是库房,储存油盐酱醋、酱菜乳腐等各种食品。

潘万源过去,有朱源茂、朱同茂两大商号,经营品类有棉布、南货等。中间还有一家天一堂国药铺。

再东面是吴家豆腐店。上街是前店后坊的格局,门面上卖豆制品,往里去是工场,有碾黄豆的石磨,沥豆浆的包、缸,西侧是煮豆浆、汆油豆腐的灶台。下街是一间大开间的房子,门外有一个石埠头,用于装运黄豆及其他货物。

豆腐店东隔壁便是老字号南货店施正和。临街三开间门面,当街一排暗紫红色柜台。店堂里东侧经营南货,有香烟、糖果及各式蜜饯等;西侧为酒酱柜台,各种咸货、酱菜及油盐酱醋等都在这里供应。

施正和往东,上街有恒和布店、吴记咸货店、顾记米店、沈记糖果店、徐记源大布店、虞记铁匠店,下街则有田记地货摊、张记小百货店、沈记小酒店等。

走到这里,就到了寺浜弄。这是一条狭窄的小弄堂,弄堂两侧都是很高的民房,所以显得有点逼仄。弄堂向北右转可以到唯亭中心小学。

上面提到的这么多老店铺,都是历史旧貌,到 20 世纪五六十年代发生了很大的变化。过摆渡口往东到乡政府一段,街道比较狭窄,感觉比较冷清。街面上能看到的店铺,上街除了一家范围不大的裁缝店,其他大多是居民住宅。下街有几家小店：朱家小糖果店、滕家皮匠摊、篾竹店，空开一段还有卫天德伤科诊所。

从前朱家的深宅大院，变成了唯亭乡（镇）政府的办公机构。门前有一片小广场。进大门，过一个小天井，是一个很大的厅堂，两层楼房，楼上很多房间，都是办公室。再往里面去，还有不少平房，是各个机构的办公用房。后院比较空旷，有很多高大的树木。唯亭人民公社广播站就设在这里。镇政府的隔壁两边：西侧早先是镇工会的办公地点，后来转为派出所；东侧的一开间门面，在后来一段时间做过文化站。

往东，是唯亭镇上规模比较大的一家饭店——大众饭店（一度还有过"三八饭店"的叫法）。饭店是1955年下半年，由镇上的一些私营业主合作开办的，后来纳入集体商业管理。饭店负责人蒋女士，是一位能力极强、很有权威的女领导。饭店经营面向大众，生意十分兴隆。下街有爿大饼店，店主叫周文山，唯亭街上乡里乡亲都叫他"小文山"。店里除了做大饼，还做油条、绞链棒、油氽团子、麻团等。据老唯亭回忆说，他家的咸大饼葱香酥脆，相当好吃。

公私合营之后，施正和变成了集体商业。店里的经营情况跟以前比没有太多变化，还是卖南货和酒酱。从前的老员工还在这里当营业员，老百姓还是叫这里为施正和。

往东隔开一小段距离，是原来的老字号源大布店，公私合营之后，房产归公；从1958年开始，这里成为唯亭人民公社医院的院址。下街是田师傅的皮匠摊。东隔壁，斜对寺浜弄口的下街，是一家染坊。老板姓王，夫妻二人都是绍兴人。染坊以前开在霖雨桥附近的一座大宅里,因那里房产被国家征用,就搬到了这里。

第三段,从寺浜弄到状元泾桥。

从前,寺浜弄往东,上街依次有张记米行、福安茶馆、范祥和文具店、问心堂国药铺、詹记肉铺,隔开一条山门弄,依次是沈记布店、曹秋记米行(后面有宝成哺坊,哺坊即孵坊)、毛记地货行、元大成南货店、祥园茶馆、殷记地货行、永成公米行、田记茶馆店、田记理发铺、曹丰记米行、中华礼教长善堂、东城隍庙、范记竹行和钱记小农具店。下街则有曾记米行、周记大饼店、金记小酒店、许记大饼店、顾记馄饨店、纸扎店、王记理发铺、田记米店、严永昌烟杂店等。

其中寺浜弄到山门弄一段,民国之前,往里面去是延福寺旧址。从这两条弄堂的名称中,我们还可以看到历史的印记:山门弄就是正对寺院的正山门。

这一段街景的变化是这样的。

东街毛宅

从前的福安茶馆，规模很大，有两进厅堂，可容纳五六十位茶客，有点像会场。归入集体商业之后，这里还是茶馆店，兼有泡水服务，只是规模似乎没有以前那么大了。

后面的延福寺旧址成为唯亭中心小学校址，从山门弄进去，直通学校正门。这条弄堂跟西面的寺浜弄都可以

大桥东弄的矮闼门

通到小学，孩子们则以大弄堂和小弄堂来区分它们。

从大弄堂进去，走到一半的地方，右手有条横弄，这里从前是私营的宝成哺坊，后变成了供销社的企业，功能业务没有变化。因为唯亭只此一家，所以每年春季，来此购买苗禽的人络绎不绝，非常热闹。当时哺坊里有位高手，刚孵化出来的小鸡、小鸭只要经他提起来一看，就能辨出雌雄。他叫宋根福，从前是老字号宝兴馆面店的伙计，1949年后进了供销社，担任部门领导，钻研业务，成为

行家。1959年他被评为江苏省劳动模范，是唯亭乡里获此殊荣的第一人。

大弄堂东隔壁，从前的沈记布店和曹秋记米行旧址变成了供销社的生产资料部。农药、化肥、柴油、塑料薄膜和各种专用的铁链、绳索等物资都在这里供应。门面是两间，但是里面很进深，还依稀可以看出过去大宅的风貌。

由此一路向东，到将近霖雨桥那里，原先的曹丰记米行旧址办起了木器厂和铁器社。这两家企业几分几合，多次重组，到1970年正式更名为唯亭农机修造厂。工厂规模大了，设备也更新了。木器生产有了大型的锯板机，启动的时候机器声音震耳欲聋；铁器生产有了气动大铁锤，开动的时候脚下都会感觉颤动。其主要产品农用脱粒机，大大提高了生产效率，又减轻了农民的劳动强度，所以深受欢迎。其中参与技术革新的工人王全官，于1976年被评为江苏省劳动模范。

农机厂往东的房产原是中华礼教长善堂，1949年后被政府征用。1958年9月，镇里在这里安装了一台十千瓦的发电机组，办起了小发电厂，向居民有限供电。主持供电的技术负责人是住在山门弄口的詹师傅。多少年来，他一直是负责唯亭供电的资深电工师傅。到1960年，唯亭建成三十五千伏变电所，由国家电网供电，小发电机组同时关闭。这房子划归供销社使用，20世纪70年代初这里曾作为土法生产植物生长激素"920"的工场。

阜民霖雨桥北堍，原是东城隍庙的旧址，1949年后，为唯亭粮库征用，改作储粮的仓库。半间的乙未亭还在大门的东南侧，只是看上去比较破落了。隔壁还是竹行，跟西街的方家竹行一东一西,遥遥相对,不过规模、范围没有方家竹行那么大。

再过去就是大名鼎鼎的状元泾桥(俗称章家桥)了。

第四段,从状元泾桥到驷马泾桥。

这一段属于唯亭镇的市梢路段,主要是居民住宅,市容比较冷清。街道铺的是碎砖,年久失修,残

唯亭哺坊

缺不全,变得坑坑洼洼;街上没有下街房子,南面就是宽阔的娄江。从前这里规模比较大的单位是恒源米厂和木行。另外还有几家范围比较小的经营户,如曹记小猪行、陈记粪行和顾、孟两家专做水车上的斗板、鹤膝等零配件的小木作。最东面是名声显赫的楚宝堂。这是安徽新安人潘遵礼、江万枝等在道光十一年(1831)募捐创建的慈善殡葬机构。凡是在唯亭去世的安徽籍乡亲,其棺椁都可以停放或安葬在那里。这在《元和唯亭志》上都有记载。

1949年以后，从前的恒源米厂变成了唯亭采购站。一般认为这里就是一个收购废品的地方，其实不然。它是唯亭供销社下属的一个部门，主要负责农副产品的收购，民间副业生产的草绳、柴包等都是到这里来交售。有一段时间，供销社在农村推广和发展蘑菇种植生产，这里又增加了收购蘑菇的业务。废品收购也是其业务之一。过去规定废品都要交由国家收购，因此挑担走村串巷的换糖业者，都要把收到的废品卖到这里。老百姓家里的废铜烂铁，乃至鸡黄皮、甲鱼壳等，属于中药材，也可以拿来卖钱。

变化最大的是楚宝堂，这里建起了唯亭最大的米厂和粮库。

唯亭米厂建于1956年1月，是由过去的几家私营米厂重组合并而成的。米厂建成之后，规模不断发展，先后用过国营吴县唯亭碾米厂、国营唯亭碾米厂和吴县第三米厂等厂名。

唯亭米厂历来重视生产技术改革，加工大米的产量和质量不断提高。其生产的"阳澄牌"标二早籼米，曾两度荣获国家商业部颁发的"部优产品"称号。还有"阳澄牌"珠光米和水磨糯米粉，因为质量出众，所以深受市场欢迎，在江浙沪一带享有盛誉。

粮库（包括唯亭粮管所）就在米厂隔壁，实际上两家单位是连在一起的。1949年以后，唯亭镇上建有好几处粮仓，这里规模最大，老百姓通常把这里称为东仓库。粮库始建于1949年7月，当时有粮仓十二间。1951年根据中央的方针，征用了楚宝堂的地，扩建仓房。以后，随着粮食生产的不断发展，仓库多次扩容，到20世纪60年代，形成了东西向排列的三排大型仓房。三排仓房分别以甲、乙、丙为序编排命名，东首的叫甲东仓，西首的是甲西仓。到 70 年代，由于战备需要，在北面靠近公路的地方又建了一排同样的新仓房。另外，在空余的场地上，还见缝插针地建了很多露天屯、土圆仓，进一步增加粮食的储藏量。

唯亭粮库是国家储粮的重点单位，库容量很大，所以每到收购季节，门前塘河沿岸停满前来交售公粮的农船。粮库码头上，一溜好几台磅秤，安置在一人高的木架子上，工作人员坐在上面司磅。售粮的农民捐着装满稻麦的挽子（栲栳），放到磅秤上过磅，然后再捐到仓房里去。收购高峰阶段，有时候甚至还要挑灯夜战，呈现出一派灯火辉煌、人声鼎沸的繁忙景象。

稻麦的入仓收储保管要求很高，主要是怕受潮变质。早期生产条件比较差，缺乏先进的机械设备，防潮翻晒都靠人工。所以每到梅雨季节，粮库常常要动员社会人员作为临时工，一起来做翻晒的工作。后来，在仓库西侧建造了四层楼高的烘谷塔，每到雨季二十四小时开工，把未干透的稻谷全都烘干达标后才入库存放，确保了粮食储存的安全。

走到这里，再往东就是驷马泾桥，东街到此收尾。

中街

中街的范围是从关帝庙到金弄堂的路段。

从关帝庙出发,往西第一家,是沈记正泰布店。老板叫沈重威,他有两个儿子,长子主持店里日常经营,次子负责外面进货。店堂里,两边靠墙木柜中的布匹排得整整齐齐。店里除了卖布,还有棉胎出售。棉胎都是选购上等精白棉花请人精工弹制的,质量极好。因经营有方,所以生意做得不错。

再过去,依次有义兴号南货店、徐记农具店、王记竹器摊、徐正源南货店、永新布店等。

公私合营之后,这些店铺都没有了。原来沈记正泰布店及西邻的三开间门面房由合作商店开了一家日夜商店(老百姓习惯叫"朝夜商店")。

朝夜商店

顾名思义，这家店的特色是经营时间特别长，为老百姓在特殊时段购物提供了便利。除此之外，其他都变成了居民住宅。

这一段的下街房子，原来是朱记鱼行，后来开过地货行，再后来，连同大会场的下街都变成了一长排开放式的自由市场。

再往西是钱正茂米行。米行老板叫钱哲仁，1949年后迁居苏州，这里变成了唯亭粮管所，在老百姓看来就是一家粮油店。原址房子很进深，籴米、拷油要走到第二进的地方。粮管所门口，东隔壁辟有一个小间，没有窗，里面光线很暗，总看见一个瘦削的老者，整天坐在那里看古书，一动不动，就像泥塑一般。他一边看，一边用一根类似现在吸管那样的物件（估计是鹅毛管，没有亲眼近前去看过，不能妄下结论），往面前的印缸里蘸一下，然后在书上点一点。这样子，看起来像是在圈点古书。听说他姓钱，是个老书生，因为模样很古怪，所以我们只是放学路过的时候，站在门口张望一下，不敢走进去看看他究竟在看些什么老法书。

钱正茂米行往西，原有美禄理发铺、张记竹篮店、阿潘万泰酒店、田记老虎灶、徐义隆南货店、天和泰食品店、王泰源油酒号。下街有马奇芬诊疗所、阿锡铜匠担、冯记肉铺、兴记水果店、吴记铁匠店、徐记农具店、陈记面馄饨店等。之后，这一段上街还有过魏家祥饭店和徐子源香烛店；下街有马姓的皮匠摊和一家车木店。

其中天和泰是1933年开的老店，店主叫汪海安。他家前店后坊，自己生产糕点。由于精选原料，讲究工艺，因而糕点质量极好，尤其是他们的特色产品椒桃片深受顾客欢迎。

后来，这些店铺除了上街的徐家还在门口摆个小摊头，做点小生意，下街的马家皮匠摊也开过一段时间，其他大多变成了普通的居民住宅。

从前的王泰源旧址成为集体商业的糕团店，东隔壁是做大饼油条的，下街开了一爿面店。从前开糕团店的老板丁永芳变成了"伙计"，成为一名普通员工。他不是当门店的营业员，而是在后面的工场里负责糕团制作的"大师傅"。他经验丰富，技术好，又善于动脑筋，肯钻研，确实是这个行业的能手。那个时候，他曾有过革新点心馅料的创举，用相对价廉的蚕豆代替红豆作为原料，大大节约了成本，但是口味能做到基本一致，为此得到了政府的表彰。大饼店里的曹师傅，原来也是私营业主，技术上乘，

中街

做出来的大饼又香又脆。以前可以自己带生的猪油块请曹师傅加工做在大饼里，那诱人的香味好像还在齿颊间流连，令人至今记忆犹新。

再过去，上街有糜记锡作店、林天成估衣店、义大利布店、陈记白铁铺、恒牲酒店、石记豆腐店、宋记碗瓷店、德大茶叶店、钱正隆米行、徐记福大布店、新源南货店、唐记衣装店、徐记正大布店。下街则有王记米行、周福兴馄饨店、公义和米行、新东茂糖果店、丁记糕团店、田记地货摊、周记桐油店、孔记南货店、孙记理发铺、朱记鱼行等。

1949年后，义大利布店老板去了苏州。1951年10月，这里成为唯亭派出所的驻地。后来派出所搬迁到乡政府旁边，这里转变为唯亭集体商业的资产。原址开了旅社，里面一度还有一家照相馆，楼上有几间是部门的办公室。

恒牲酒店的位置后来由供销社开了一个门市部，把原来设在百货商店里的新华书店分出来，搬到这里独立经营，卖书连同兼营文具用品。

原来锡烛店的门面由住在下塘的朱师傅租赁，开了一家白铁店，主要是用白铁皮打制各种生产、生活用品出售，同时也兼做修锁配钥匙的活计。父子两人一道工作，他们人品好，技术精，所以生意做得不错。

下街周福兴的馄饨店值得一说。这是常熟人周福兴于1934年始创的老店，经营馄饨、汤包、小笼馒头等传统点心。由于用料讲究，味美适口，食客交口称誉，店堂里四张八仙桌，天天生意兴隆。《唯亭镇志》把他家作为唯亭的传统特色店家记录在册。另外，周家还是"光荣之家"，他家长子于1953年去兰州兵工厂参加工作，为国防建设做出了贡献，这在中华人民共和国成立初期的唯亭镇上是影响很大的。

钱正隆米行的老板钱达仁是开明绅士。1951年，他送子参军，进了华东革大。当时他作为私方代表经常被邀请参加政府的相关会议，觉悟比较高。1956年利用钱正隆米行旧址加上徐记布店的部分房舍创办了唯亭初级中学。

中学前面的门面房，一排好几间连通开了一家日用杂品商店，专门经营缸甏、碗碟、棉胎、草席等居民生活所需的各种日用品。经营性质跟以前观前街的老字号万国类同。店里有位徐姓老先生，个子不高，给顾客买的碗凿字可是一绝。他手下凿出来的字，是很规范的行楷，看得出是有深厚书法功底的。一打听，原来这位老徐就是过去源大布店的老板，果然不是等闲之辈。

再过去是原来的老字号正大布店旧址，1949年以后，政府征收作为银行、信用社、税务所和房管所"四位一体"的办公机构。这里门面看起来好像不大，但是房子非常进深。进门是一条很宽的通道，左边是信用社，右边是税务所和房管所的办公区。第二进是一个三开间的大厅，排着曲尺形的高柜台，这里是银行办理日常业务的地方。再往里面是会议室，过一个天井，最后面是员工的宿舍。当时银行的对私业务，除了一般的存取款之外，还兼营贵金属的收购业务，居民家里的金银首饰、银圆、镍币都可以拿来变现。负责此项业务的是一位瘦小的吴老先生。他脸色黝黑，戴一副金丝边眼镜，头发梳得纹丝不乱，纯粹是一派资深银行职员的风度。居民交售的贵金属，都由他检验。如果是金质的，他会拿出一瓶药水来蘸一下，然后在黑色的试金石上划出痕迹，通过色卡比对，来确定成色。

银行下街是地货行，经营各种蔬菜水果。店面开阔，品种丰富，生意十分兴隆。南面门外是个河埠头，各地蔬菜水果都是用船运到这里。地货行有位姓田的师傅，是个"老地货"，夏天经常看见他帮助顾客挑拣西瓜，他弯曲手指，用关节"咚咚"一敲，就能判断生熟，很让人佩服。以前在西面自己开地货行的汪老板后来也在这里工作。

地货行东隔壁是理发店。理发行业从前都是个体经营，1949年后经合作、调整，合并成一个规模比较大的门店。三开间门面，前后都是玻璃门窗，店堂十分敞亮。东西两边靠墙摆放着新式的铁制理发椅，从前那种简陋的木制理发椅都被淘汰了。店里约有十位理发师傅，他们个个都穿白大褂工作服，戴半开放式的透明口罩，可见在60年代初期，就已经比较讲究行业规范了。当时，理发店还有一个服务顾客的创举，现在已经绝迹了：夏季天热，从前没有电扇，就在座椅两侧挂两张竹帘，用细绳子串在其中，有顾客来理发，就让学徒不断牵拉绳子，一收一放，竹帘刮起阵阵凉风，让人感觉舒爽。理发师傅的技术很有讲究，有经验、水平高的师傅会根据顾客的不同头型、相貌理出合适的发型。唯亭理发店里技术最好的，当属田建民、孙桂生和赵汝生三位师傅，这是大家公认的。

理发店东隔壁有个很小的门面，店主姓龙，专事修钟表、镶牙齿。这风马牛不相及的两门技艺，能够集于一身，真有点不可思议。

裁缝

再过去是裁缝店。裁缝职业在过去都是个体单干,后来走集体化道路就合并起来了。裁缝店里最有名的人物是邵小林。他是资深裁缝师傅,做衣服的技术肯定没的说,但除此之外,他出名的原因还在其职业之外——他是唯亭数一数二的篮球迷。可以说,唯亭只要哪里有篮球赛事,哪里就必然有他的身影,甚至手头的活计都可以丢下不管。用现在的话来说,可真算得上是一个"铁杆球迷"了。

再回过头去,正大布店往西,是长源南货店、毛家茶馆店、吴记竹器店、朱记估衣铺、正大成南货店、祥元发百货店、朱记正大豆腐店、江记竹器店、张记缸甏店、虞记铁匠店;下街有归记桐油店、同德米店、王海和肉铺、王金记地货行、吴金荣鱼行。

之后,毛家茶馆成为唯亭合作商店的一个门市部。茶馆分上下街两部:上街摆几张八仙桌,供茶客吃茶;下街是老虎灶,日常烧水的是一位个子很高的女性,人们都叫她"长舅姆"。老虎灶除了用来烧水给茶客冲茶,也供给居民泡水。

正大成南货店门面挂上了吴县唯亭供销社的牌子，但是经营情况没有什么大的变化。店面开阔，一长溜有好多间门面。西面第一间专门卖腌腊，里面摆放着一个很大的木砧礅。右边空开一条很宽的走道，然后向东是一排长长的柜台，里面分门别类陈列着各种商品。店里商品种类很多，烟酒酱醋、南北杂货、腌腊食品、肥皂草纸等，一应俱全。这里的营业员很多就是以前的私营业主，例如开糖果店的曹菊生、卖腌腊的吴祖林都在这里。他们本来都有经验，所以做生意可说是熟门熟路。这还只是门面上的情况，其实里面的空间范围还大得很，前后房子一共要有四进。从过道走进去，两边有很多办公用房；再往里面去，可以看到很多存放各种商品、货物的库房，此外还有很空阔的场地，堆放着空的酒坛和各种杂物；从前后面还有酒堂和作坊。这样的规模，可见正大成真不愧是南货店的老字号。这里原是江家产业，后由鲍宇庆斥资从老板江正昌手里购买了股份，成为大股东；还有开腌腊店的徐宝根加盟作为小股东。因店东的所属关系有了转变，所以店名也有变化。《唯亭镇志》称其为正大协，但老百姓都习惯叫正大成。店里的伙计魏得富，1949年后担任了唯亭镇的工会主席。

正大成西隔壁有条弄堂，住着好几户人家，其中眼科医生江一清的诊所就在里面。隔开弄堂有个五金修理铺，这是租江家的门面开的。开业的师傅姓钱，技术极好，配钥匙、修自行车、敲白铁、焊接器件等，样样都能做。

再过去是缸甏店，老板姓张，胖胖的，说话带上海口音。他家的房子是两层楼，结构很特别：下面有一条南北向的小河浜，直通孟家里的一个大池塘，他们铺面的地板实际就是架空在小河上方的。

西隔壁是虞家铁匠店，店主虞荣生，个子很高。店里的格局跟其他铁匠店差不多：一只炉灶、一只风箱、一个铁砧，一对师徒，整天叮叮当当，敲敲打打，生产一些小农具和家庭生活用品。后来镇里成立合作社之后，虞家的门面开始对外出租。印象最深的是每年冬天，都由藏书人租在这里开羊肉店，店名叫一来兴，是一个口彩很好的店招。

铁匠店旁边有一条狭弄堂，叫孟家弄，中医师顾允士一家就住在里面。转弯再往后面走，可以到达孟家里村，弄堂也是因此得名。

孟家弄往西，从前依次有顾记庆凤银匠店、林记生面大饼店、王应记米行、朱正茂南货店、周记茶叶店、伟记理发铺、马庆仁银匠店、邵记杂货店、曹记生面大饼店、曹万兴糕团店、龙园书场、宝兴馆面店、陈记纸扎店、顾元大豆腐店、毛记面馆、缪泰源南货店、德生堂国药铺、

孟家弄

朱正茂南货店旧址

蒋源顺鱼行、钱记米店、夏记水果店、唐记生面店、德兴楼茶馆。下街是正兴馆面店、冯记肉铺、俞记百货店、泰山堂国药铺、五金杂货店、汪记地货行、马记竹器店、曹记糖果店、林记理发铺、田记地货行、东茂糖果店、夏巧记小饭店、顾记理发铺、王记糕团店。

到了五六十年代,这一段印象比较深的情况如下。

孟家弄斜对过下街是一爿规模很大的药材店,三间门面的样子。店里中西药材都有,还有代煎中药的业务,所以走进店堂,总能闻到浓浓的中药香味。以前万春堂的老板娘就在这里工作,平时经常看见她拎着两只小的保温瓶,上门去给顾客送煎好的中药。小时候,我们跟药店打交道最多的是夏天经常要去买人丹、清凉油。记得每到夏天,店里有供应防暑的青蒿凉茶。

药店上街有一处大宅,从前是朱家的产业。小时候,只看见门面是石库门的样子,走进去,一进一进,非常进深,一直到底,后面差不多快要到孟家里了。后来大概是经私房改造变成了公管房屋,里面住了很多住户,基本上就形成了"七十二家房客"的格局。唯亭很有名气的裁缝师傅邵小林、文艺活动骨干盛秋云、评弹艺人周凤麟都住在这里面。记得门口有位瘦高的老人,摆一个小五金摊,他的工作台是一张高脚小方桌,侧边挂着做好的小煤油灯等待出售。老人姓朱,老花眼镜总是落在鼻尖上,一副老法头人的样子;他就住在里面,耳朵听觉不灵,人们都称他"聋聋"。

走过几家住宅,是沈少鸿伤科诊所,就一间门面,墙上贴满

中街唐宅

伤科常用的肌肉、骨骼、穴位等挂图。沈少鸿专治跌打损伤，经常看见他给患者治疗，妻子在旁边帮忙。不知为什么，后来镇上办联合诊所，他们没有加入进去，一直是私人经营。

再往西有条弄堂，里面走进去，到底就是明园书场。这是唯亭历史最长的一家书场。1943年正式开办成为固定的书场，当时叫龙园，到1953年改为明园。老板葛斌，人称"小和尚"。他人品不错，善于经营，在江浙沪一带有点名气，很多知名的评弹艺术家都到过他这里说书。

从弄堂口出来是邮政局，从前这里是唯亭的老字号面店宝兴馆的旧址。宝兴馆面店开设于1941年，老板是朱荣生。他家的酱鸭面和椒肉面很有特色，口碑不错。店里的伙计宋根福，于1949年后进了供销社，担任领导工作。唯亭的邮政局开设于1952年，当时面积很小，门面上的

1931年4月唯亭通电话、电灯的报道

营业厅里，就一台人工接入电话总机，一个邮政业务柜台。以前值守总机的是一位姓张的师傅，他长得眉清目秀，皮肤白皙，头发梳得纹丝不乱，看起来是一个很精致的人。张师傅说话笃悠悠的，不急不躁，声调不高，态度和蔼可亲。放到当下，如果叫他去做电话客服，一定是个极佳的人选。负责邮政收发投递的是田师傅，浓眉大眼，精气神十足。他口才极其了得，能言善辩。记得有一个夏天的晚上，镇里在唯亭初中的操场上举办纳凉晚会，田师傅上台开讲故事，说的是越南战争中，越南游击队伏击美军巡逻队的事情。他讲得绘声绘色，很有艺术魅力，给我留下了深刻的印象。田师傅业余爱好写作，现在苏州工业园区唯亭街道的《娄江》杂志经常能读到他的文章。

邮电局下街是茶馆店。早先打理茶馆生意的是吴老先生，他原来就是西街泰兴园的老板，私营茶馆合并，归入集体后，还是干他的老本行。茶馆店有两开间门面，店堂里排放着五六张八仙桌。靠东墙边是老虎灶，几只大小不同的汤罐，整天不停烧着开水。南面靠后门的地方，摆着几口大缸，每天一早都有员工到塘河里挑水，倒在缸里，加明矾澄清。茶馆的生意有早上和下午两市。早市天不亮就开门，街上和附近乡村的老茶客都会来赶早市，喝早茶。午后的茶市一般在下午3点钟左右，茶客大多是放鱼鹰（俗称水老鸦）捕鱼的船家。

茶馆店西隔壁是豆腐店。做豆腐先要磨豆浆，早期还没有电动机械，店里就由一头高大的灰驴拉磨。驴子看起来比较温柔，但叫声很怪，"昂昂昂"的，很难确切形容它的声音。靠东墙边是一排煮豆浆的锅灶，整天热气腾腾的，空气中弥漫着豆浆的香味。豆浆煮好，师傅点浆，然后用大的铜勺舀起来，倒入铺有白布的长方形木框里，等它凝结起来就是黄板豆腐。做好的豆腐一板一板摆放在木架子上。如果要做豆腐干，则要用杠杆吊石头加压，挤出水分，方能成干。豆腐店基本上是开放的作坊，我们可以随意进去参观。小时候最喜欢去看他们氽油豆腐，那个诱人的香啊，真会让你垂涎欲滴。在物资匮乏的年代里，价格低廉又营养丰富的豆腐可真是居民的上佳食材，所以，对我们这一代人来说，天不亮去排队等开门"撩豆腐"，在记忆深处有抹不掉的印记。后来，供应更加紧张，市镇居民要凭票买豆制品；农民伯伯则无缘分享这等福利，只好望洋兴叹。对农民们来说，等到过年，如果有亲戚朋友送一点豆制品券，那就是千恩万谢的事情了。

豆腐店往西是鱼行。鱼行从前是蒋家的产业，1956年唯亭成立水产购销站，就变成为水产站的资产，但老百姓习惯称之为鱼行。鱼行兼有收购和出售两项业务，分上街、下街两部。上街是办公区，放有账台、桌椅及渔网等各种捕捞器具；收购、卖鱼称量都在下街。下街一直往南，搭建有一条伸向河面的木栈道。栈道有一米宽，长十米光景，下面打有三排木桩架空。两边紧靠木桩挂着六只庞大的鼓形竹笼，竹笼一半沉入水中，长年养着青鱼、草鱼、鲢鱼、鲫鱼等各种水产。渔民捕了鱼来交售，称过分量就放到笼里养起来。有顾客要买鱼，则用网兜去捞起来过秤。鱼行里印象最深的是掌秤的老朱。他身材敦实，嗓门洪亮。每做一桩生意，只见他秤纽一提，秤砣一拉，马上高声报道："草鱼一条，五斤半——"话音未落，那边的会计算盘瓣里啪啦一打,立马结账付钱,银货两讫。节奏之快,让人目不暇接。唯亭因为得阳澄湖、沙湖之利,水产的业务量很大,每到夏季,都有大量鲜鱼装入椭圆形的木桶,加冰保鲜后,搭乘夜班火车直运上海,第二天早上供应市场。因此上海居民对来自唯亭的阳澄湖水产是很有感情的。

鱼行往西,过几户人家就到了金弄堂。

西街

西街是从金弄堂往西,一直到市梢的牌楼头为止。一般来说,一个市镇的西街都比较冷落,但在我印象中,老家的西街似乎还不错。总的来说西街其实通常还以仁寿桥为界分为两段:桥东和桥西。桥东可算是市镇的余脉,还有不少商家和店铺;桥西则接近农村,确实没有多少商业气氛了。现在分几段来列举一下。

第一段,金弄堂到小桥浜。

从前,这一段也是店家林立,商业气氛很浓。从金弄堂往西,上街依次有陆记小店、陆记肉铺、冯记白铁铺、

20世纪70年代新建的唯亭供销社水产站

老街变迁

徐记小酒店、周记茶馆（旅社）、王应记米行、潘万隆南货油酒号、钱兴馆饭店、李记糕团店、朱记豆腐店、严记蛋行、裴泰昌米行、振声余油酒店、朱新茂南货店、缪记草席店、吴苑茶馆、邹记锡作店。下街则有张记小百货店、潘源记木行、徐记丝绸店、宋记馄饨店、申成昌糖果店、王应记酒堂南货店、叶记竹器店、田记地货摊、冯记小酒店、癞和尚馄饨店、石记豆腐店。其中潘万隆是老字号，经营南货木业、官盐、糟坊，一排好几家门面，都是高大的楼房，气势不凡。

公私合营之后，这些店铺关的关，并的并，除了政策允许的白铁铺、小竹器行还在做；原来兼营茶馆和旅社的周家，家里摆了一台摇面机，给居民加工摇面，其他就没有什么了。这一段街面基本上成了居民住宅区。

其中裴泰昌和朱新茂两家的中间，相当于原来振声余油酒店的位置，几间门面的房子派过很多用场。1958年，这里做过唯亭农业中学的校舍，时间不长，到1961年就停办了。到60年代中期，这里变成了唯亭抽水机站的金工车间，里面放有好几台车床、刨床等，整天机声隆隆，看起来很是热闹。再后来，金工车间搬走，这里办了唯亭镜片厂。镜片厂时间办得比较长，生产规模不小。走过时总听见打磨玻璃片子的"沙沙"声响，车间里一直是热气腾腾的，空气里弥漫着松香的气味。

第二段，小桥浜到西庙场。

小桥浜本是一条由北向南的排水沟，由于长年垃圾积聚，又从不疏浚，所以就变成了一条蛇虫出没的臭水沟。在穿过镇区西街的地方，用几条很大的长石条架在上面，形成一座简陋的平桥，小桥浜的名称大概就是这样来的。

跨过小桥浜到西庙场，不过十来家门面的范围，但从前没有一家是纯粹的居民住户。从东往西数过去，依次是魏家魏源泰糖坊、喻家木匠作、潘家养和堂国药铺、李家万泰和糖果店、吴家泰兴园茶馆店、李家箍桶作、宋家

西街

织机房、张合兴铁匠店、方家源丰竹行。短短一段街道，一家连一家，都是店家作坊，可见当时私营工商业的发达，这样的西街，真不能算是冷落。现在把印象比较深的几家说一说。

魏源泰糖坊，是唯亭镇上唯一一家做饴糖的作坊。老板姓魏，是大户人家，沿街一南一北都是他家高高的楼房。下街放着很多大缸，用来浸泡做饴糖的原料大麦。制糖的作场在上街。

老街变迁　81

养和堂国药铺，开店的是潘家，房子很考究，上街、下街都是地板房。上街有楼，楼上的栏杆都是精美的戏文人物木雕，这样的建筑装饰在小市镇上是很少有的。店铺在上街，高高的柜台，里面排满了放各种药材的抽屉柜子。日常做生意的是老东家，还依稀记得他的模样：瘦高个子、大眼睛，两撇八字胡。

万泰和糖果店是李家产业。守店做生意的是女主人，姓向，圆脸，胖胖的，很有福相。邻居老老小小都叫她"姆（苏州话读如ēn）娘"。她待人非常和善，顾客来买东西暂时没带钱，是可以赊欠的。

泰兴园茶馆店是吴家的产业，他家的房子非常进深，里面排着很多八仙桌。茶馆日常生意很好，特别是下午3点左右，因为店开在西街，所以靠近沙湖放鱼鹰捉鱼的都会到这里来吃茶，兼带卖鱼。

茶馆店外间租住着一户陈姓人家，摆个皮匠摊。别看陈师傅手指有残疾，但是绱鞋子的技术不错，生意很好。下街有一开间戴姓师傅开的理发店，后来公私合营并入合作商业之后，有一个叫阿毛的师傅租住在这里。阿毛是上海的下放工人，个子不大，讲一口上海话。据说他原来在上海益民食品厂工作，有制作面包、饼干的技术。搬到这里后，自己动手用砖头砌了一台简易的烤炉，做出来的糕点确实是喷喷香的，十分诱人。

张合兴铁匠店的老东家印象中是一位高个子、背微驼的老人，瘦长脸，大眼睛。他家上下街都有房子，过街上面搭有盖瓦的户棚，落雨天来往不会淋雨。他家的户棚保留的时间比较长，差不多到"文革"的时候才被拆掉。店铺在上街，店里有一只大缸做的炉灶，旁边是一个大风箱、一个铁砧，主要用来打制各种家用和生产用的小铁器。家里用的菜刀、铲刀，农民用的镰刀、铁铬，木匠用的斧头、凿子等都是他家的产品。店里生产主要由女婿殷师傅操持。他是大师傅，技术好，打制的铁器质量高，所以店里生意很好：铺子里整天总是炉火熊熊，叮叮当当的敲打声伴随着火星四溅。打制铁器的时候，他先把铁坯放在炉子上烧红，然后钳出来放在铁砧上慢慢敲打成形。只见殷师傅左手钳住铁坯，右手执小锤不停地敲打，一边敲，一边转动铁坯整形；伙计则在对面抡起大铁榔头助力敲打。打过一段时间，铁坯凉了，就再烧，再打，直到完全成形，迅速蘸水淬火就是成品了。

开源丰竹行的方家有弟兄五个，竹行由老大方文仁负责经营。他身材魁梧，古铜脸色，大家都称他"方老大"。

第三段，西庙场到仁寿桥。

竹行隔壁是西庙场，再往西一直到仁寿桥，从前有汪记天丰米行、徐子玉小烟酒店、梅记箍桶店、朱记久盛米行、邹士莲诊疗所、曹家屠宰场、唯亭西米厂、时根生篾竹店、程振声诊疗所、王老板石作、归继康柴行、喻维贤木作、查记恒隆米行、颜记义源油坊、喻金龙木作。到五六十年代，情况变化如下。

汪记天丰米行变成了一家木柴行。老板汪经祥，大家叫他"老汪"。他是一个胖胖的圆脸老头，为人和善，听口音应该是徽州人。他喜欢喝酒，常常差邻居小孩子帮他拷酒，拷酒找回的零钱会给几分"脚步钱"，所以孩子们很乐意听他差遣。从前，木柴是居民生活中不可或缺的燃料，家里常常要备好一点，"买硬柴"也是居民的日常用语，就跟"买小菜"一样。汪家柴行生意很好，门前下街堆满各种杂七杂八的树根、树段等，平时常常看见伙计抡起大斧劈硬柴：把大的木材劈小，捆成小捆出售。

60年代初，老汪去世，家里子女都在外地，之后这里搬来了刘家。女主人为人热情，勤劳又能干；家门口摆个小摊，卖点自己做的小吃，如五香豆、梨膏糖等，味道还很不错。"文革"时期，这里连同东隔壁方家的房子一起被收归公家。1968年7月，经过改造，拆掉了中间隔墙，另外后面再造了几间平房，办了唯亭中心小学的分校——红卫小学。学校只有四间教室，设施十分简陋，上课下课，是用铁榔头敲击挂在树上的一段废钢轨发出的"当当"声作为信号。到"文革"后期，学校撤并，这里的校舍做了唯亭中学的男生宿舍。

箍盆桶

往西隔开一户人家，是徐子玉的小烟酒店，做生意的是女主人，一个瘦小的老人，似乎患有眼疾，看东西要凑得很近。再隔壁是梅水荣的箍桶店。他家下街有一间小房子，里面摆放着救火用的"水龙"等消防器材。因为是开放式的栅栏门，所以可以看得见里面的情形：中间地上卧着一台压水式水泵，旁边放着几卷水龙带，墙上挂着一些水桶和几顶头盔。外面看进去，只见里面挂满了蜘蛛网，地上积满灰尘，估计是不大用的——这倒是居民的福音。

再过去几家门面，就是远近闻名的粮食加工厂——唯亭西米厂。加工厂规模很大，里面有好几台高大的砻谷碾米机；后面是机房，一台大型的柴油机，像一头黑色的怪兽横卧在地下。两个巨大的飞轮直径要有两米多，启动的时候，要有好几个工人拉着粗麻绳帮助牵引，等到发动起来，机器"噌噌噌"发出的巨大声响简直是震耳欲聋，机器震得附近地面都会微微颤动。这家厂生产能力强，加工覆盖的范围很广，每到收获季节，四乡八村的农民都摇船把稻麦送到这里来加工。每当这时，娄江河边的石码头上密密匝匝停满了农船，排队等候加工，有时候要等上一两天也是常有的事情。因为船多人杂，所以为了争先而吵架甚至斗殴的事情时有发生。

加工厂往西，隔开五六户人家，就到了恒隆米行的旧址。这里房子非常进深，一共有四进，中间还有天井，走到底，后门开在桥角里的一条横弄里。门前有一片水门汀场地，河边有码头。1949年后，这里变成了一个很大的仓库，主要储存豆粕和菜籽饼等饲料。这地方，附近居民都称之为恒隆里。

原来的颜记义源油坊旧址，开了一家竹器生产合作社，人们生产和生活用的各种竹制器具都是在这里生产的。我们日常打交道最多的恐怕要算是热水瓶竹壳。不过热水瓶竹壳的粗坯都是外发加工，这是唯亭年轻女子的一项重要副业。竹器师傅开好竹丝、篾片,交给客户去做竹壳。竹壳做好,交到这里,由师傅修整、加工,喷上清漆,才是正式的成品。做竹器的师傅基本都是来自镇江、扬中一带,其中有好几位师傅技术相当了得。他们干活的时候,剖竹开篾,其动作之熟练,简直看得人眼花缭乱,附近居民家里打篾席都要请他们。因为这里曾是榨油的作坊,所以附近居民仍旧把这里叫作油车里。

竹器社隔壁是喻金龙的木作,主要做一些木制小农具。再过去就到了仁寿桥。原来在桥东塬有座仁寿庵,因此旁边一条通往桥角里的弄堂叫庵弄堂,不过这庵堂我小时候没有见过。

第四段,仁寿桥到牌楼头。

仁寿桥往西,属于市梢段,通称桥西。从前桥西有陆春泉织机房、西土地庙、王火林织机房、吴焕生木匠作、金记米行(张凤山轧米厂)、黄阿福板刷铺、王记鱼行、向国钧伤寒内科诊所、陈福根砖瓦行、喻维忠木匠作、陈记棺材店、喻维善橹作、吴伯泉木匠作、袁福记铁匠店,到头是一座石牌楼。

木匠

在我年少的时候，织机房、几家木匠铺和铁匠店都还在，他们就在自己家里做，生产、生活都在一起，并没有什么专门的作坊，谈不上有什么规模。铁匠店主袁师傅听觉不灵，他家尽管是市梢最后一家，但是也有地利的优势，西来过往船只如果有什么铁器的需求，这里倒是第一家。后来，个体织机房合并到丝织厂去，王火林的儿子王阿四在沿街开了一爿个体理发店。木匠、铁匠都进了集体合作社。

原来张凤山轧米厂的位置变成了供销社下设的唯亭粪站。唯亭粪站只是一个办公机构，专门负责调配上海运来的粪肥，按计划供应给县内各地农村。里面虽然只有一人一桌，但却是一个县属单位。此项工作的负责人姓冯，是供销社派驻在这里的，他身材壮实，大家都叫他"冯老板"。每当上海的运粪轮队一到，整个桥西段都停满了吴县各地农村前来装载黄粪的农船，浩浩荡荡一大片，这阵势非常壮观。"粪是农家宝"，农民们都非常重视这些供应计划，一般都是提前一两天就要来这里等候。有些偏远水乡农村来的农民，平生出门都是走水路，没见过火车，所以一到唯亭，第一件重要的事情就是结伴到火车站去看火车，这也成了一道独特的风景。

原来向国钧伤寒内科诊所的宅基，变成了唯亭抽水机站。这里最初是1956年由两条私人的抽水机船合作建立起来的。到1958年，扩大规模，成立了国营唯亭抽水机站。当时的抽水机都是装在很大的木船上，船舱里有一台大型柴油机，发动机器，通过皮带驱动船头上的水泵，就可以把河里的水通过粗大的铁管抽上来了。这样的抽水船有好几条，平时一直停在抽水站门前的河滩边，等农村需要打水的时候才开出去。他们开出去的时候，往往是发动机器，让它抽水，再通过架在船尾的水管喷射出去，通过这样的方式，来驱动机船前行。这情景看起来有点壮观。

至于陈家的砖瓦行，尽管没亲眼见过他们做生意，但是根据他家的房产，加上后院还有一片很大的砖场这样的格局，可知当年的经营规模不小。听说从前他家内场和下街户棚都码放着各种砖瓦制品，供建房需要的客户来选购。陈家后来还保存着几块金砖，规格很大，约有六十厘米见方，厚度在十厘米的样子；质地细腻，有大理石般的光泽。其中有一块他们用来做一张小桌的台面，磨得油光锃亮。这样的老金砖如果放到现在，应该是价值不菲了。

在桥西这一段，原来有两处古迹：一处是西土地庙。1949年后，土地庙已经破落，里面没见有菩萨，由抽水机站占用，放了炉灶和铁砧，作为锻工维修的作场。还有一处就是市梢头的花岗石牌楼。根据《元和唯亭志》记载，这座牌楼是嘉庆二十年（1815），为监生朱丕显的妻子张氏所立，因此名称是"朱张氏节孝坊"。牌楼直到"文革"时才被拆除。这地方，居民们就一直称之为牌楼头。

河南街

唯亭镇依娄江而建，镇区分列在塘河两岸，北岸称上塘，南岸叫下塘，下塘的街道就是"河南街"。据《元和唯亭志》载，清朝时下塘的范围东起至德庙桥，西到归家港。至德庙桥的位置，从志书的唯亭镇图来看，是在霖雨桥以东，差不多跟上塘的状元泾桥相对。从前这里有座至德庙，桥就在庙前，东西向横跨在一条小河上。至德庙桥建于乾隆年间，在我们生活的年代，庙和桥都没有了。在桥东那一片地方，有过造船厂、棉毯厂，还有唯亭的变电站，但没有居民居住，因此，河南街的概念通常是从阜民霖雨桥起首开始的。河南街最西端，不到归家港，隔开娄江河相望，差不多是在上塘的金弄堂地段。再往西，就是农田了。河南街在摆渡口往东一点的位置，有一条娄江向南分流的小浜，小浜上架一座不大的木桥，因此得名木桥浜。小浜东西两岸居住的基本都是农户，以田姓居多。

河南街不是主镇区，临河一条狭窄的街道，只有南侧有房舍住宅，也没有什么商业，所以平时比较冷清。但从前这里有一些相对集中的行业机构倒值得我们关注，如私家诊所、米厂、建材行等。医疗诊所有八家，其中像郑健初、郑镇元、田心一等都是知名度很高的医师。米厂有谈记、王记、钱记和徐记等四家，其中钱记的华丰碾米厂规模较大，列入《唯亭镇志》，榜上有名。建材行有詹记、倪记两家砖瓦行和李记木行、朱记芦簄行等。另外，在1953

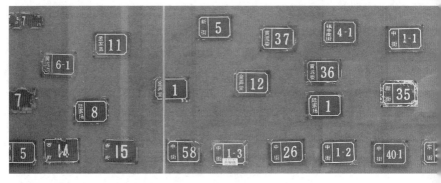

唯亭旧门牌（李金华供图）

年时，苏州的炽联石棉工场也搬到了这里，组建了大陆石棉工艺社。个体作坊有陈记橹作，存在时间比较长。

另外有两户人家做的小吃，在唯亭是赫赫有名的，一家是阿三宝的青团子，一家是金行生的五香豆。阿三宝本是一位家庭主妇，擅长做青团子，有几十年经营历史。她做青团子用料考究，制作精细，馅多味美，清香可口，因此口碑很好。她家住下塘，每天做好团子，就装在篮里，拿到上塘出售。顾客争相购买，生意十分抢手。金行生家的五香豆，经精心挑选，皮青粒大，加上烧煮时注重配料，火候得法，所以吃起来硬度适当，味道极好。遗憾的是，这两户的传统食品技艺，都没能得到传承，后来就消失了。

下塘尽管比较冷清，但也有几户人家值得一说。例如，住在霖雨桥旁边的倪家。主人叫倪伯生，很有经济头脑，善于经营生意。他家几个儿子，个个都有才干。其中有一个很早就在安徽从医，经济条件很好，因此家里建造了很有气派的楼房，这在河南街是唯一的一家，在本地小有名气。倪家西隔壁的徐家，房屋很多，土改时被评为富农，房屋充公，后来供中心大队使用，办了村办并线厂。徐家

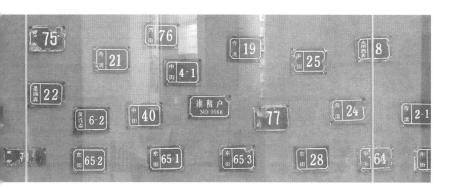

西隔壁是何家，主人何达，以前是香港娱乐场所吹大号的乐手，收入颇丰，所以家里房屋庭院也非同一般。还有一家是木桥浜附近的郑健初医师家。他家的住宅是中式平房，但是经营得别具一格：落地的玻璃长窗，水磨方砖地面，家里窗明几净，可以说是一尘不染。穿过客厅，庭院里摆满各种绿植盆景，院内四棵大龙柏高大挺拔。走出庭院，南面有一个很大的荷花池，大小要跟一个篮球场差不多。池塘四周绿树环绕，池岸都用条石砌筑。池塘里植有莲荷菱藕，水中蓄养着红鲤鱼，很有园林池沼的韵致。这样的庭院环境在唯亭镇上也是独一无二的，所以每逢节假日，镇上喜欢拍照的朋友常常会到他家来取景留影。可惜的是70年代末期，娄江拓宽，这所别具特色的私家庭院就此消失。

在河南街居住的普通人家绝大多数是农户，1958年成立人民公社的时候，这里的农户被编成5队、6队两个生产队；后来规模扩大，一个生产队拆分为二，于是增加了10队和11队，木桥浜东面是6队、10队，西面是5队、11队。除了农户，河南街也有几家市镇户口居民，因人数不多，所以下塘只有一个居委会，办事处就设在从医的郑镇元家里。

下塘跟上塘隔河相望，往来交通靠两种方式：一是步行走东面的大桥，二是乘摆渡船。渡船是一只小木船，船工是两个孤老头，一个叫双生，一个是老王，居民坐船摆一次渡收一分钱。渡船早出夜收，晚上小船就停泊在下塘木桥浜里。成立人民公社后，渡船归中心大队管理，所以住在下塘的农户摆渡不收费。

1978年，因太湖水利工程需要，娄江拓宽至五十米，下塘民居全部被拆除。原下塘居民的住房统一规划，在拓宽后的娄江南岸原地翻建平房，十间为一排，一共四排，往南直到农田为止。另外在原来河南街西头征地建造了几幢公寓房，安排市镇住房困难的居民入住。接着，对岸方厦一队的部分农户也被安排到这里建房居住。于是，河南街就向西延伸了。娄江拓宽之后，在中街地段建造了一座规模很大的水泥双曲拱桥——唯亭大桥；在对直金弄堂的位置造了一座人民桥，规格比唯亭大桥要小很多，只供步行，不能行车。有了这一东一西两座桥，两岸的交通方便了，供销社的生产资料部、煤球店都搬到了下塘；本来在上塘桥西的机电水利站也搬迁过来。这样，延伸后的河南街就真像《元和唯亭志》所写的到了归家港。同时，河南街的市容也慢慢整洁起来了。

后来，娄江南岸划入工业园区70平方千米建设范围，2002年，原有房屋全部被拆除，居民都搬迁到新镇区的东亭、厦亭等住宅小区。至此，唯亭的河南街就彻底消失了——这就是历史的变迁吧！

金弄堂

金弄堂对于唯亭来说，是一个知名度很高的地标，它既是镇区中街和西街的分界点，也是镇上直通火车站的大路。这条弄堂为什么姓"金"，想来应该有它的出处，但是目前无从考证，只能留下遗憾。称它为弄堂，至少在我生活的年代看起来有点名不副实：它并不是像一般弄堂那样的一条狭窄通道，而是一段距离不长但比较宽阔的碎石街道。弄堂两侧有为数不多的几家居民住户。在金弄堂北端接近农田的地方西侧，曾经是负责维护保养公路的唯亭养路队驻地。金弄堂总长不满百米，却有两条横向的小弄堂。向东是一段很短的狭弄堂，走到底是食品公司的生猪屠宰场——猪作。向西的一条稍微宽一点，早先弄口有一家浴室，以前叫三井园，后来改名为阳澄。年少时去洗澡，记得负责人是一位姓王的师傅，丹阳人，高高的个子，人很和善。往西，陆家场南开过一家美新照相馆，不过经营时间不长，到抗战之前就关门歇业了，只是在《唯亭镇志》上看到有记载。再往前面走，一直到底是小桥浜。

小桥浜是一条南北向的排水沟，小桥浜西侧沿岸有条小路，往北走到底，右前方有一片很大的空地，叫陆家场。50年代初，本地民间篮球运动轰轰烈烈，在这里建了一个煤渣篮球场。唯亭民间篮球运动爱好者自发组织的"建成篮球队"经常在这里训练和比赛；同时也多次邀请苏州、上海的篮球队到这里打球，一时热闹非凡。小时候还见过球架，只是篮板已经残破了。后来时过境迁，篮球没人打，这里就慢慢荒废了。到 60 年代后期，这片空地上建造了新的医院，把原来位于东街的老医院搬迁到这里。之后，在医院西面一点，建造了食品公司的屠宰场，把原来老的猪作搬了过来。这时候，小桥浜已经填平，变成一条大路。因为有了一家医院、一个猪作，这里倒变成了一个人来人往的热闹地方。

金弄堂北出连接金埂岸，穿过苏昆太公路，走到头就是唯亭火车站。金埂岸是一条可三五人并排走的大道，这是去火车站的主干道，路上铺有碎石、侧砖，雨天行走也不致泥泞不堪。金埂岸西侧，有片地方叫冰厂，是从前一家私营锦记冰厂的旧址。当时是土法制冰，并不是什么工业化的生产，估计就是在冬天浇水结冰，然后窖藏保存到夏季，主要用于水产品的冷藏运输。冰厂东北方向，有一个范围很广的荒坟——汪家坟。这里从前应该是一处汪氏家族的义庄。1932 年 4 月，由淞沪抗战后退守唯亭的翁照垣将军发起，在这块地方建成了一座唯亭公园。不料到抗战时期，这里却变成了日寇屠杀中国人民的行刑场。后来，这里逐渐荒废，变成了无主坟场，时间一长，坟地可见白骨暴露，很是吓人；特别是夜晚，阴森森的，胆小的人不敢走过。在汪家坟北面，有一片很大的池塘，东西绵延分布在金埂岸的两侧。池塘里野生的鸡头、红菱很多，每到夏秋季节，小伙伴们常常会去采食。

说到金弄堂，就不能不提起当时一个赫赫有名的生产队——中心大队第 9 生产队，简称中心 9 队。这个生产队由三个村民点组成：金弄堂里、桥角里和孟家里。桥角里在金弄堂的西北，地处西面仁寿桥的东北角，故而得名。在桥角里居住的主要有四个家族：徐家、许家、宋家和唐家。他们这里有个传统职业——道士，这在我们这一带是远近闻名的。其实，桥角里还是唯亭昆曲堂名班——大章堂的诞生地。该昆堂由艺人徐旭初于清朝同治年间创立，前后传承四代，演唱的曲目很多，是吴县颇具影响力的昆堂老班之一。1949年后，其中成员许晋年、徐伯钧等分别进了江苏省和苏州市的昆剧团。孟家里在金弄堂的东北，因为是孟氏家族的聚居地，所以得名。孟家里有一个传统食品制作的绝技——做酒酿。他们做的酒酿又香又甜，每到初夏时节，附近居民都要委托他们加工，生意十分兴隆。而中心9队作为一个集体，他们的知名度高还另有道理：这里民风彪悍，青壮年好打抱不平，颇有"路见不平，拔刀相助"的侠义风范。所以在唯亭乡里，一般人只要提起中心9队都会敬畏三分。当然，这些都已经是历史，现在进入了新时代，人的精神面貌也都发生了变化。

到70年代后期，金弄堂和金埂岸开始演变。先是1977年娄江拓宽，正对金弄堂造了一座混凝土拱桥——人民桥，方便了上下塘的交通往来。因下街房子拆迁，原来位于中街邮电局对面的茶馆店搬到了金弄堂口东侧。吃茶的人多了，慢慢地在金弄堂口、人民桥堍由居民自发形成了一个露天集市，早上摆摊卖菜，人来人往，熙熙攘攘。住在金弄堂里的居民也纷纷破墙开店，做起了小生意。1984年年底，镇政府斥资在北面一段动工建造了唯亭自来水厂。该厂于来年建成，开始向居民供水，开创了唯亭镇有公共自来水的历史。

90年代初期,政府拨款一千多万元,在金埂岸西侧,征地约六万六千平方米,建造了新的唯亭中学。之后,随着苏州工业园区建设项目的启动,这里更是发生了翻天覆地的变化。312国道以北的金埂岸拓宽成了六米宽的水泥金埂路,东侧一排都是个体经营的门面房,整条金埂岸面貌焕然一新。

时至今日,由于市镇建设的不断推进,原来金弄堂的路段已经不复存在,从前一直要提起的金弄堂这个地标,只能永远留存在唯亭镇的历史记忆中了。

大会场

对老一辈唯亭人来说，大会场曾经是一个使用频率很高的热词，这主要不是因为它所承载的开大会功能，而是作为一处地标深深扎根在人们的心中。大会场位于中街中段，是镇上最闹猛的地段。对于我们这代人来说，它留下了太多的历史印记。

据方志记载，这里从前是一座关帝庙。中华人民共和国成立之初，曾短期作为区地方政权机关的办公场所。1952年，因唯亭中心小学规模扩展，教室不够，于是就将关帝庙作为中心小学的分校，安排四个班级（两个一年级班，两个幼儿班）到这里上课，为时四年。据曾经在这里就读的学子回忆，当时关帝庙南面的正门已经关闭，学生都是在旁边弄堂里的侧门进出。进门是一个大天井，里面有井，旁边有一个花坛。天井左边是教室；右侧跨上两个台阶是敞开式的正殿，作为全校集会场所之用；穿过正殿，右侧还有几间教室。庙门前是一片宽广的庙场。河边有个轮船码头，太仓到苏州的轮船经停唯亭。从前还没有公路交通的时候，居民出行主要是坐船走水路。

1958年9月，唯亭成立了人民公社。为满足大型会议和公众活动的需要，政府决议拆除关帝庙原有建筑，改建成唯亭人民大会堂。

新的建筑名为唯亭人民大会堂，其实是一个多功能的大礼堂，当然主要还是以举办大型会议为主，全公社的三级干部大会经常在这里召开。所谓"三级干部",是指公社、大队、生产队(小队)三级行政组织的领导干部。当时,唯亭全公社有二十九个大队,包括二百七十四个生产小队,三级干部集中起来开会,也是济济一堂。

大会堂除了用于公社召开三级干部大会,市镇各单位也经常借用举行集会。后来我从事了教育工作,无论是在小学还是中学,曾多次在大会堂里举办过学生的文艺演出活动,相信在这个阶段读过小学、中学的朋友都会有这样的记忆。

很多时候,大会堂是作为影剧院来使用的。对于普通百姓来说,进入大会堂参加会议的机会不多,他们更多的活动就是在这里看电影、看戏。记得小时候在这里看过电影《三八线上》,讲的是志愿军的战斗故事;还有电影《51号兵站》,梁波罗饰演的"小老大",英俊潇洒、沉着机智,在敌人眼皮子底下偷运无缝钢管给新四军的故事令人惊心动魄,至今记忆犹新。这里更多的文艺活动是戏剧演出。因为会场有功能齐全的大舞台,所以更适合演戏,演出剧种主要是本地区流行的锡剧、沪剧。因为小孩子大多不喜欢看唱戏,所以看过哪些剧目大部分都印象模糊了,为数不多记得的有这样几出戏:一出《孙悟空三打白骨精》印象很深;还有锡剧《顾鼎臣》,家常的菠菜有个"红嘴绿鹦哥"的美称就是在这里学到的;还有沪剧《碧落黄泉》,其中有一句流传很广的唱词:"志超志超,我来恭喜侬……"80年代初,曾邀请到由茅善玉领衔的上海沪剧院来此演出,因茅善玉是当红明星,红极一时,所以在唯亭引起了轰动,可谓盛况空前。

1976年9月9日，毛泽东主席逝世。公社在大会堂里设置了灵堂，组织全镇各单位群众前来吊唁。当时，会场里摆满了花圈，参加吊唁的人络绎不绝，人们悲恸的情景可真是感天动地，可见人民对领袖的感情之深。

大会场真正在人们心目中的影响，恐怕主要不是在里面，而是在外面。大会堂正门外面的台阶下，有一片不小的广场。唯亭人之所以把大会堂说成大会场，道理恐怕也就在这里。

这片广场，每逢节假日，热闹非凡，可以说是孩子们的乐园。特别是过年的时候，来自四方八地的小商小贩和民间艺人，纷纷汇聚到这里，卖梨膏糖的，看西洋镜的，开场子舞枪弄棍的，真是目不暇接。广场上常常是人头攒动，摩肩接踵。卖货的吆喝声，看杂耍的喝彩声，此起彼伏，一派浓烈的节日气氛回荡在水乡集镇的上空。这样的场景、这样的氛围，简直跟苏州玄妙观三清殿前有得一比。我在这里曾经亲眼见过赫赫有名的蛇医朱松官的表演：只

卖药

见他手脚麻利地从地上的袋子里抓起一条长蛇，毫不犹豫地让它在自己手臂上咬了一口，马上涂上自家秘制的蛇药，然后完全像没事人一样，滔滔不绝地推销起他的蛇胆眼药来。在这里，也见过本镇伤科沈少鸿医师偕自己的大公子卖伤膏药的情景。很冷的天，只见他们赤裸上身，把胸脯拍得"噔噔"作响，英武之气可冲云霄。

当然，这些都是在特定日子里特有的情景，平时不会天天这样热闹。但在记忆中，有时在平常日子的夜晚，这里也有很有趣的活动。令人印象最深的是有艺人来表演"小热昏"，他们的表演，现在想来大致是上海说唱的形式，手里敲一面小锡锣，说说故事，唱唱小曲，来吸引听众，然后借机兜售一点小商品。这些人才艺非常了得，讲的故事往往能使我们入迷，唱的小曲也很好听。我最早接触"金铃塔，塔金（里格）铃"的说唱，就是从他们那里听来的。这些事还是发生在我读小学三、四年级的时候，时间是60年代初。

后来，度过了三年困难时期，国民经济逐步恢复，国家开放自由市场。大会场处于唯亭镇的中心，于是，门前就约定俗成地变成了一个露天大市场。每天清晨，四乡的农民都把自己的农副产品挑到这里来卖。有卖鸡卖蛋的，有卖鱼卖虾的，各种时令蔬菜更是应有尽有。他们卖掉自己的东西，在镇上买回自己需要的物品，有的顺便还会捎带几样给孩子的小吃，然后怀着愉悦的心情满载而归，他们就是这样以自己的劳动演绎着商品交流的故事。镇上的家庭主妇们，一早挎着竹篮，来到这里，精心挑选自己心仪的菜蔬，挑挑拣拣、讨价还价是她们每天的必修功课。

这里上演的买卖场景，洋溢着浓郁的生活气息，这看似平淡的人间烟火气，却是老百姓最温馨的日常生活。我们身处其间，能深切地感受到这就是"市场繁荣"这个概念最好的诠释。

历史的车轮一路向前，1958年诞生的人民公社，经历了二十来年的风风雨雨，在改革开放的大潮中，完成了它的历史使命。同时，作为一个标志性的建筑——唯亭人民大会堂也来了一个华丽的转身，变成了商业供销的机构，走进了发展商品经济的新时代。从此，大会场这个历史性的名词也就从唯亭人民的生活中慢慢淡出了。

西庙场

这里所说的西庙场，实际是指从前位于西街的西城隍庙这块地方。1949年后，这里改造成了唯亭粮库用于国家粮食储备的一个大粮仓。

虽然做了粮仓，但从建筑结构看，庙宇的基本格局还是看得出来的。前面正门是两扇厚重的大门，包着铁皮的门上钉着泡钉。门外两侧有两只高大的青石狮子，大家都叫它石狮子，实际上它并不是我们常见的狮子造型，而是扁圆大鼓的模样，正式名称应该叫抱鼓石。小朋友爬上去，骑坐在圆弧后面的凹槽里，算作是骑马。进大门是高高的门槛，有五六十厘米的样子，幼小的孩子要骑着门槛才能翻过去。进大门，两侧是堆得高高的粮囤，看起来这里应该就是原来庙宇的前殿，只是凶神恶煞般的四大金刚没有了。沿着中轴线往里面走，一进一进还可以看出大庙的布局。

走到第二进的地方，左首有一间小平房，据说是抗战时期日本占领军的弹药库。墙是水泥青砖砌的，坚固无比，后来在"文革"时期，拆除这间平房，确实是几个壮汉抡起大铁锤，花了好大力气才敲掉的。

一直走到底，是一块高高的台地，本来大概是大殿的位置，只是当年气势宏伟的建筑现在已经变成一片杂草丛生的荒地，满地都是断砖残瓦。秋天，那里蟋蟀极多，我们常常从后面翻进去捉蟋蟀。

大庙正门南面是一片广场，穿过街道，一直到塘河边。这就是我们说的庙场。庙场东南和西南各有一根四方的花岗石石柱，有一米多高。小伙伴们常常会爬上去，站在石柱平顶上跳下来，比赛谁的胆子大。

对于周边居民来说，庙场可是个好地方：冬天老老小小都会来这里，靠在庙墙根边"孵太阳"，小孩子们玩各种各样的游戏，如"小狗舔脚背""老鹰捉小鸡"等。夏天晚上则家家户户都搬了凳子聚集到这里乘风凉。平时晴天，这里就是一个晾衣服的大晒场。

就是这样一个有点历史文化意义的地方，到了"文化大革命"的时候，被一举荡平。所有建筑通通拆掉，变成了一片空旷的大广场，面积足有大半个足球场那么大。广场一度被抽水站占领，变成了他们的一个露天大工场，专门用来生产农村水利工程用的大口径水泥管子。有一段时间，整片广场都竖立着做好的水泥管。有一天，旁边红卫小学一个成绩很优秀的学生站到水泥管子上去玩，结果不小心摔跤，额头上磕了一长条口子，血流满面。幸好老师及时发现，马上把他抱去医院。因治疗及时，还好没有造成特别严重的后果，只是额头上留下了一条长长的伤疤。出了这事，这些害人的水泥管被搬走，广场成了红卫小学的操场。不久，在广场北端，砌筑了一个很大的土台，专门用来开大会当主席台。广场除了开会，有时晚上还经常播放露天电影，这在当时贫乏的文化生活中也是一点亮色吧。

时间到了改革开放的年代，国家为了发展经济，大力提倡乡镇、社队办工业，于是这里建造了唯亭马铁厂，专门生产建筑搭脚手架用的扣件，一度生产还很红火。只是经常要开小高炉炼铁水浇铸扣件，高炉燃烧产生的酸性废气，对周围居民生活、健康造成了很大的影响。过了好几年，马铁厂停产，废弃的厂房改造成了敬老院。后来，1994年开始建设苏州工业园区，于是从前的西庙场就彻底消失了。

市井风貌

茶馆

旧时小镇上的茶馆,是居民生活中不可或缺的店家,这里除了泡开水、吃茶,同时还是一个兼有多种功能的社交场所。

据统计,截至1949年,唯亭镇上共有私营茶馆店十五家,其中影响比较大的有祥园、福安、龙园、吴苑、泰兴园等几家。这些茶馆店规模大小不一,经营情况也有差异,但是基本功能都一样,就是既可以泡水,又可以吃茶。

旧时茶馆店的基本配置有"三大件":老虎灶、大水

老虎灶

市井风貌

缸和八仙桌。其中最主要的设施是烧开水的老虎灶。老虎灶的基本格局大同小异，一般是外侧灶面上安置着几只大型的汤罐，专门用来烧开水，供应顾客泡水。里侧有一只大铁镬子，镬子上还架有高高的木桶，这样可以增加存水量。这镬子里是加冷水预热变成温水，等外侧汤罐里的水泡完，就舀这温水加进去，这样水再烧开的速度比较快。灶台中间开有加燃料的洞口，洞口平时用一个圆形铁盖盖住。添加燃料的时候，揭开盖子，架上铁皮漏斗，倒进煤屑，里面烈火熊熊，很快就能把水烧开。再往里面，是老虎灶的灶膛，这里也是加燃料的地方。因为里侧主要是烧大镬子里的温水，没必要用急火，所以一般不用煤，而是用价钱便宜的砻糠（稻谷的外壳）作燃料。因此，在茶馆店的后门口，一般都要囤好很多砻糠。这是我们苏州附近一带的老虎灶，至于京剧《沙家浜》里春来茶馆的老板娘阿庆嫂唱的"垒起七星灶，铜壶煮三江"，这种七星灶的形式在常熟、沙洲（今张家港）一带看见过。

从前老虎灶上烧的水，是伙计一大早从娄江河里挑起来，倒入店堂后面的大水缸储存的。这水缸规格超大，里面蹲坐一两个成人绰绰有余，所以，阿庆嫂曾经把胡传魁藏在水缸里躲过了日本兵的搜捕，这是有生活依据的。河里挑上来的水要加明矾澄清。每到这时，只见店家拿一根竹竿使劲搅动缸里的水，让明矾尽快融化，使水中的杂质沉淀下去。等过一段时间，缸底会积起一层灰色的絮状杂质，再拿一根打通竹节的长竹筒，轻轻插到水里，把缸底的杂质抽掉，这样，水就干净了。所以，从前尽管用的是普通的河水，但是经过这样处理，还是比较清洁的。

老虎灶的最外侧，是用木板铺设的一个平台，供泡水的顾客放热水瓶。早先泡水先要拿钱买好店家的水筹，水筹是五厘米长、一厘米宽的竹片，上面烫印着店家的名称。泡水使用竹筹，收取比较方便，确实是个好办法。泡水的时候，给一根竹筹，泡一瓶开水，基本是一分钱，价格相对便宜。花这一分钱，不知可以省下多少柴火和工夫，比自家烧水划算多了，所以一早一晚，泡水的场面总是人声鼎沸。特别是冬季，气温低，热水的需求量大，自家烧水也更费柴火，所以泡水的时候常常是人满为患。人们争先恐后，不小心碰碎了热水瓶，引起争吵的事情也时有发生。

说完泡水，再说吃茶。茶馆，顾名思义，供客人吃茶才是主业。所以茶馆的店堂里都摆有很多八仙桌。茶桌的多少，要看店堂的大小，三四张到七八张都有。吃茶的紫砂茶壶、白瓷茶盅，都由店里提供。客人来了，问清吃什么品类的茶，就拿出预先分装在小铁罐里的茶叶冲泡。茶钱根据茶叶品质、价位的差异而定，红茶、绿茶、花茶，三等九价，各有不同。茶泡好，任由茶客慢慢喝去，开水是可以无限量添加的。

茶馆的生意有早上和下午两市。早市天不亮就开门，街上和附近乡村的老茶客都会赶来吃早茶。茶客基本都是熟人，每天碰个头，拉拉家常，谈天说地，交流各种信息，这是他们日常生活的一个组成部分。如果哪天有人没到，大家还会牵记他。吃早茶的时候，附近农村的老人还会捎带一些自己家里的土产，如鸡蛋、山芋、南瓜等，摆在门口出售。早市一般是喝到日上三竿散场，大家各自忙自己的事情去。午后的茶市，一般在下午3点左右开始，茶客很多是放鱼鹰捕鱼的船家。这些人大多是唯亭镇西南靠近沙湖的河田里和瓦屋港等几个村的村民。他们亦农亦渔，农闲时基本上以捕鱼为业。他们老早开船出去，忙了大半天，回来泡壶茶休息一下，顺便把当天捕获的水产卖掉。他们一靠岸，就将船在茶馆后面的河滩头停好，拎起鱼篓，把大的鱼交给鱼行收购，小的鱼则自己放在茶馆门前零卖。这时候，附近居民就可以来买点新鲜的水产。

镇上档次比较高的茶馆，还有这样一项功能：如果民间有人家出现矛盾纠纷，双方当事人就可以聘请德高望重的地方名贤到茶馆来，一边吃茶，一边调解，美其名曰"摆台子，吃讲茶"。如果调解合情合理，双方都乐意接受，那就是皆大欢喜了。另外，从前唯亭还没有邮政局的时候，祥园茶馆还兼作收转信件的收发点。外地来信，只要写上"苏州娄门外唯亭镇祥园茶馆转交"，放在茶馆里，碰到有熟悉收信人的茶客，就可以顺便捎带给他。因此说小镇上的茶馆也是一个社交平台，这是有一定道理的。

书场

从前,在规模比较大的市镇上,茶馆和书场都是不可或缺的重要场所。而且这两者之间还有很密切的关系:有的茶馆兼营书场,早市开茶馆,下午、晚上设书场;而在书场里听书,一般都会泡上一壶茶,一边喝一边听。

唯亭镇早先并没有专业经营的书场,听书也就在茶馆里。镇上规模较大的茶馆如玉泉楼、玉露春、祥园等,都有不定期的书场业务。据评弹名家、"徐调"创始人徐云

书场

市井风貌 111

志先生自述，他十六岁第一次登台说书就是在唯亭西街的泰兴园茶馆店。直到 1943 年后，唯亭镇上才一东一西开出了两家专业书场：一家叫仝春园，一家叫龙园（后改名为明园）。两家书场规模不小，发展到全盛时期，座位有数百之多。

书场里的座位一般都用礼拜凳，前一排的靠背后有托板可以放茶具。位子分左、中、右三排，中间留有过道，便于书场工作人员送茶添水。同时，也有提篮小贩在休息时间穿梭其间，来兜售瓜子等休闲小吃。从前听一场书买票一角两分钱，还可以泡一壶茶。书场每天安排下午和晚上两场演出，下午是 1 点钟开场，晚上是 7 点钟开场。说书先生每个场次说两回，每回书一般在五十分钟左右，中间休息十分钟。书场每有演出，总是早几天在面临大街的门口挂出水牌，预告评弹书目和艺人姓名。唯亭是活码头，水陆交通发达，晚上有很多商船停泊过夜。从前晚间没有什么娱乐活动，因此前来听书的顾客很多，书场生意十分兴隆。两家书场老板为了抢生意，别苗头，都不惜重金，竞相聘请名家响档来说书。所以唯亭虽然只是一个市镇，但是书坛当红名家大都来过。其中如号称"一正梁四庭柱"的徐云志及其弟子邢瑞庭、王御亭、祝逸亭、华士亭，以及姚荫梅、唐耿良、魏钰卿、薛筱卿、杨仁麟、朱介生、郭彬卿、李仲康、朱耀祥、邵家秋、杨振雄、金声伯等评弹艺术家都到唯亭来说过书。

1956 年，政府对私营工商业进行社会主义改造，仝春园关门歇业，明园参加合作，成为商业系统的文化产业。

明园书场位置就在中街西段孟家弄和金弄堂之间的一

条小弄堂里。弄堂口从前是老字号宝兴馆面店，1949年后这里变成了唯亭邮电局。往弄堂里面走进去，走到底有一片空地，这里有一道竹篱笆，后面就是明园书场。这竹篱笆是书场为了防止别人不买票来听蹭壁书而特地设置的。其实老板夫妇为人和善，管理并不是非常严格，我们读初中的时候，夜自习时间经常偷偷跑出来去听蹭壁书，他们从不驱赶。倒是他家的小脚老太太，我们看见她却有点忌怕。

明园老板名叫葛斌，浓眉大眼，面容慈祥，头顶铮亮，人们都称他"小和尚"。葛老板人品不错，擅长经营，聘请评弹名家很有办法，在江浙沪一带颇有名气。唯亭有良好的评弹艺术氛围，听众很会欣赏评弹艺术，所以艺术家们也都很乐意到唯亭来演出。

自1966年起，明园书场关门大吉，从此唯亭镇上就再也没有了专营的书场。现在我们可以这样说，明园是唯亭开办历史最长的书场之一。

说了书场，我们再来谈谈从唯亭走出去的评弹艺人。

首先要说的是葛斌的长女葛翠英。她生活在书场这样的艺术环境中，常年耳濡目染，在浓郁的艺术氛围中接受熏陶，于是，在60年代初期读初中的时候就走上了评弹艺术的道路，成为专业的评弹演员。

接着要说的是两位由业余爱好走上专业道路的票友：一位叫周凤生，另一位叫严妙富。他们就住在明园书场附近，平时酷爱评弹，经常去听书。久而久之，从爱好到模仿，进而跨进了专业的门槛。他们进门之后，投帖在名家杨仁麟门下，深入学习弹词《白蛇传》。周凤生还把自己名字中的"生"也随先生改成了"麟"字，于是，唯亭就出了一位评弹演员周凤麟。

　　成就最高、影响最大的，当然是大名鼎鼎的上海人民评弹团演员朱慧珍。她出生在唯亭南片的姚家港村，十六岁随阿姐学唱苏滩；十八岁时，跟电台广播学唱苏州弹词。同时，她私淑名家蒋如庭、朱介生弹唱俞调，并随周云瑞习练琵琶。不久，她就在苏州电台播唱弹词开篇。40年代起，同丈夫吴剑秋拼档弹唱《白蛇传》《玉蜻蜓》等。朱慧珍天生嗓音清亮，音色明丽，享有"金嗓子"的美誉。1951年，朱慧珍首批加入上海人民评弹团，后同蒋月泉

唯亭公园内的朱慧珍像

合作拼档演出。"蒋朱档"珠联璧合,红遍江南,誉满书坛。他们合作弹唱的《白蛇传》选段《赏中秋》成为永远的经典。朱慧珍始学俞调,后来在自己的艺术实践中有所创新,形成了独具特色的"俞夹蒋调"风格,深受听众的欢迎和喜爱。她靠天赋和自身的努力,终于成长为一名享有盛誉的评弹演员。唯亭人民为了纪念这位从乡间走出去的优秀儿女,在唯亭公园中立了她的塑像,并建造了朱慧珍纪念馆供人们参观。

糖坊

从前唯亭镇上有一家做饴糖的作坊——魏源泰糖坊。老板姓魏,出身于大户人家,沿街一南一北都是他家高高的楼房。下街放着很多大缸,用来浸泡做饴糖的原料大麦。制糖的工场在上街。

用大麦做饴糖,生产过程是这样的。先把大麦浸泡在水里,等它发了芽,捞起来用大石磨碾成麦浆,再储存在大缸里发酵。发酵后的麦浆放到一只很大的铁镬子里去烧煮,慢慢地熬出糖浆来。经过过滤,沥去残渣(又叫糖糟,是喂猪的上等好饲料),就能看见琥珀色的麦芽糖浆了,我们把这叫作饴糖。饴糖直接装罐,就能卖给食品企业,经过加工可以做各种饴糖制品。小时候,有挑担的小贩卖饴糖,出两分钱,小贩就拿两根小竹棒在糖罐里搅一点给你。孩子们买了,用竹棒反复缠绕,叫作绕饴糖。饴糖接触了空气,会慢慢变白,逐渐凝固,吃起来又香又甜,是我们孩提时代的美食。糖坊自家也会做一点加工的食品。我们常常看见他们是这样做的:先往糖浆里掺入一些白色的粉末(不知是什么东西,似乎没有问过,只知道叫糖粉),反复搅拌,待慢慢凝固了,就放到大作台

饴糖

上反复搓揉、拉伸，直到变成乳白色的半固体状态。最后把它拉成像婴儿胳膊那样的浑圆长条，拿把大剪刀，斜着刀口，"咔嚓咔嚓"，剪出一个个长卵形的糖疙瘩（人们称它为糖卵子），等到它彻底固化以后就可以送到糖果店去出售了。

糖坊是我们小时候最喜欢去玩的地方。特别是到了冬天，外面天寒地冻，糖坊里烧灶、煮浆、熬糖的时候，店堂里水汽蒸腾、香气氤氲、温暖如春，好不舒服。店里有一高一矮两个伙计，瘦高的叫阿兴，矮个子叫金海，听口音像是常州、宜兴一带的人。去得多了，跟老板、伙计都很熟悉，他们干活的时候，有时会剪一点给我们尝尝，解解馋。特别是阿兴，整天笑眯眯的，十分和善。直到过了好多年，他已经退休，我也当了教书先生，偶尔在路上碰到，他还能叫出我的名字打个招呼。

糖坊一直开到"文化大革命"时期才关掉。从此，老家镇上就再也没有糖坊的踪迹。

竹行

我家往东隔开西庙场是方家,他们开有一家竹行,名叫源丰。方家是大户人家。我小时候,他家老先生是否已经过世记不得了,但对他家老太太的印象很深。老太个子不高,缠一双小脚,所以大家背后都称她"小脚老太"。可不要小看这位老太,走路颤巍巍的,为人却很有威势,是方家一言九鼎的"老祖宗",大家对她都很敬畏。方家小辈有五男一女,五个儿子排行为"文"字辈,取名用"仁义礼智信"五个字,可见确是个有文化底蕴的大家族。竹行由方家老大经营。老大名叫方文仁,紫糖脸色,身材魁梧,大家都称他"方老大"。

竹行规模不小,沿街有竹枪篱围着,里面叫行场。篱笆有门,进去有一个高大的石牌楼,这牌楼究竟旌表什么我不清楚,查《元和唯亭志》也不得其详。再往里面走,就是作场,地方很进深,靠墙堆满了又粗又长的毛竹,旁边有一只熏烤竹头的炉子。在下街南面的娄江河里,还长年泊着许多竹排。夏天孩子们喜欢在竹排上玩耍,下午从这里跳下水去游泳是每天必做的"功课"。竹行的生意主要是为过往船只供应竹篙。小时候看方老大装篙子的情景还历历在目。装篙子是技术活,先要把毛竹在炉子上烤火矫直,只见他一边熏,一边用一个小拖把在火烤的地方抹水,毛竹矫直后,在粗的一头锯开几个齿形缺口,插进铁的篙子头,竹头两侧打眼穿过铁销;然后用粗麻绳缠住竹头，用力收紧，再套上小铁圈，松开麻绳，竹头被铁圈箍得紧紧的，篙子头就牢牢固定了。这活既要技术，又要力气，一般都是老大亲自动手。竹行有个姓叶的伙计，个子比较小，平时基本只是打打下手。后来，机动船慢慢发展起来，竹篙用得少了，方老大就改做筅帚、甩筅一类生活用品，以维持生计。

　　到了"文化大革命"的时候，竹行关闭，石牌楼被推倒，行场被用来堆放镇上的生活垃圾，变成了一个垃圾场。垃圾一度被堆得高高的像座小山，变成了小伙伴们玩"打仗"游戏的乐园。时间一长，蚊蝇滋生，臭气熏天，因周边居民反应强烈，终于垃圾被彻底清运。恰逢那一年娄江河因上游化工企业废水泄漏，造成大面积水体污染，地方政府斥资在这块空地上打了一口很大的水井。从此，附近居民淘米、洗菜、洗衣服都在这里。井水冬暖夏凉，用之不竭，这样的福利居民们一直享用了好多年。

皮匠担

现在，经常看见有热心的网友在微信平台推送从前老行当的有关资料，诸如爆炒米，还有肩挑骆驼担卖小馄饨的，很遗憾没看见皮匠的身影。皮匠的行业是不是排在三百六十行当中，我不知道，但是不管怎么说，在过去普通百姓的生活中，这确是一个不可或缺的行当。

皮匠的行当为什么跟担连在一起？其中自有道理。因为我们在街头看见皮匠师傅，总是挑一副担子出来做生意。一根扁担两个筐，两个筐的格局不一样。前面那一个从严格意义上来说，还不能算是一个筐，它的结构有点特别。这是由两个独立部分叠放在一起的组合体。底下是一个圆

皮匠担

形的竹筐,直径在四五十厘米,高不过三十厘米,里面放的是皮匠师傅干活所用的小工具和一些零散的材料。竹筐上面叠放着一个木头的扁柜。柜子是正方形的,高十多厘米,中间设计有几个小的抽屉,放一些工作时需用的小东西,如补套鞋的胶水、润滑钻子的油棉花等。这个扁方的柜子叠在圆形的竹筐上,就形成了一个奇妙的组合。你可不要小看这方和圆的组合,其实这还是皮匠师傅的工作台。后面的那只就是普通竹篓,略带鼓形。里面装的是大件的工具和材料,最多的是大大小小的木楦头。皮匠师傅来到一个固定的地方,歇下担子,抽出扁担搁在一旁。竹篓里拿出一只小马扎,拉开、坐定,皮匠担一转身就变成了皮匠摊。

皮匠出摊究竟做点什么生意,是怎么做的?新一代没见过,恐怕不大清楚。当然,皮匠做的总归是跟鞋子有关的活计,但是具体内容还是蛮多的。归纳起来,主要有这样几项:绱鞋子、钉跟掌、补套鞋、修皮鞋。

绱鞋子是皮匠工作的主项。从前人们都穿自家做的布鞋。做布鞋,先要做鞋底。鞋底是用不能再穿的破衣服拆下来的旧布,刷了糨糊一层层叠起来,晒干之后,用粗的棉线——扎底线把它们紧紧缝合起来的。这活计叫作扎鞋底,北方的说法是纳鞋底。我以为,"扎"比"纳"更符合实际,更加形象。叠好的旧布厚度差不多有两厘米,用一根穿好粗棉线的扎底针穿透这几十层布,还要用力收紧,这确实需要有点劲道。所以,大嫂大婶们扎鞋底的时候,有一只手指上必然戴好金属的针箍,使劲顶着针屁股穿透过去。鞋底要扎得紧,针脚要排得密,这样鞋子才能牢固

绱鞋子

耐穿。可见,那时候要穿一双布鞋还真不容易!扎好鞋底,再做鞋面。鞋面是到布店里剪专门的鞋面布——贡呢,依照鞋样做的,不花什么力气,但是需要一定的技术。鞋底、鞋面都做好,就拿到皮匠那里,请师傅把它们缝合在一起,这就叫作绱鞋子。曾经看过皮匠师傅的操作。第一步先要自己制作专用的缝鞋线。他们有专用的并线工具:一节很粗的动物关节骨头,中间装有一个铁的吊钩。并线的时候,把几股细的麻线绞合在一起,挂在铁钩上,飞快地转动骨头,细线就绞合起来,变成了粗麻线。粗麻线的顶端还要夹入一根猪鬃做引线。开始绱鞋时,先把鞋面的尖头和鞋跟部位固定在鞋底上定位,再把鞋面的下缘往里面折转,然后开始一针一针缝合。缝合的时候,用锥钻从鞋面里面钻下去,钻孔穿透鞋底,再拿猪鬃的引线从小孔里穿过去。就这样,鞋面里的线穿出去,鞋底下的线穿进来,"里应外合",沿着鞋底的边缘把鞋面跟鞋底紧紧缝合在一起。缝好之后,最后一道工序是用鞋楦(样子就像大半只脚掌)塞进去,拿榔头在鞋头部位敲击定形。然后喷一口水,等晾干就好了。后来有了工业化生产的塑料底,妇女同志得到了解放,但皮匠工作的难度增加了。他要用一把带凹槽的锥子,使劲扎穿坚韧的塑料鞋底,然后把猪鬃引线从凹槽的空隙里穿过去,里外对应缝合鞋面。

钉跟掌是这么一回事:人们穿鞋,一般都是鞋跟磨损比较快。新鞋穿过一段时间,发现鞋跟磨损得厉害,就会去找皮匠师傅在鞋跟部位钉一块厚的橡胶皮。这橡胶皮通常是从废弃的汽车轮胎上切下来的,比较耐磨,这样,鞋子的寿命就能延长很多。鞋子穿的时间一长,前脚掌下也会磨损,同样也可以钉一块橡胶皮。钉跟掌的铁砧样子像大写的英文字母"I",一根长的铁杆,两头横装有头尖尾圆的铁板。钉掌的时候,铁砧竖着,皮匠师傅双脚踩住下端的铁板,两膝夹住铁杆固定,鞋子就套在上面的铁板上操作。

补套鞋,一般人都知道,雨天穿的胶鞋不小心被扎破了,就得找皮匠去修补。方法很简单,剪一块大小合适的自行车废旧的内胎皮,用锉刀打毛,在套鞋破损的地方同样如此。然后两面都涂好橡胶水,黏合在一起,压紧一会儿,师傅再用切刀把边缘修整一下就好了。

修皮鞋,应该是后起的业务。因为从前普通百姓买不起皮鞋,穿皮鞋的都是有身价的人,他们一般不会去找摆摊的皮匠修皮鞋。他们找皮匠,主要的目的是在鞋底根部钉专用的蹋钉,一来可以保护皮底,减少磨损;二来穿皮鞋走路的时候会发出"嚓嚓"的响声，比较拉风。

以前唯亭镇上的皮匠，盘点一下，好像有这么几位。西街有位陈师傅，摊子摆在泰兴园茶馆店的门口。金弄里边还有一位陈师傅，是西街陈师傅的兄长，他出摊总是摆在金弄堂口的街道旁边。中街走过中学，不到粮管所的中间一段，下街有位马师傅。东街过摆渡口一点，有位滕师傅。再往东，在大众饭店下街的空地上，有一个孙师傅的皮匠摊。孙师傅家住在下塘，每天挑担到这里出摊。还有一位是在原来医院下街的田师傅。这几位皮匠师傅的祖籍好像都不在本地，大概是外地来唯亭谋生的手艺人吧。皮匠只是小生意，收入有限，所以看起来他们家境都不怎么样。像西街的陈师傅，家里小孩多，平时生活很是窘迫。发展最好的要数金弄堂里的陈师傅，他把三个儿子都培养成了国家的公职人员，真是令人羡慕。

时间到了80年代，国家经济大发展，人们生活水平大提高，平时穿皮鞋成了普通民众的生活常态，自己做的布鞋宣告绝迹，于是，绱鞋子的行当也就自然消亡了。唯亭的那些皮匠师傅们都是这一行业的最后传人，他们的老手艺成了民间手工业发展历史潮流中的绝唱。

补镬子

从前老百姓的生活水平低,所以家里的开销都要精打细算。有些东西破了,老百姓都不会轻易丢掉,而是要想方设法修修补补,尽可能延长它们的使用寿命。这样,有社会需求就自然生成了相应的修补行当,例如补镬子。

以前家里都是烧柴灶,一般人家基本上都有砖砌的灶头。灶头上烧饭烧菜的镬子是铸铁的,比较脆,时间长了,一不当心,容易磕掉一小块,出现一个破洞。镬子在当时算是家里的大件商品,买一只不容易,所以破了就要请补镬子的工匠来修补。补镬子的师傅都是挑着担

补镬子

子走街串巷做生意。一边走，一边高声吆喝："生铁——补镬子哦！"吆喝声是本地口音，后面的"子"和"哦"是连缀起来的，就好像是发了一个"嚌"的音。听到吆喝，有镬子要补的人家就会出来喊住他。师傅听到招呼，立即停下担子，摆开场子，但并不马上动手。他还要去附近招揽生意，一般至少要有两三户人家一起来才生火开工。补镬子的工具并不复杂：一只小的炉子，一只不大的风箱。炉子里烧煤块，中间埋一只小的坩埚，大小跟从前的茶盅差不多。坩埚里放几片铁片，看起来就是破镬子的碎片。拉动风箱，火苗熊熊蹿起，不一会儿，铁片就融化成了铁水。师傅正式开始补镬子了。只见他左手托一小块石棉垫子，上面铺了一层柴灰，把手伸到破洞的下方，垫在那里；右手握一把长柄的铁钳子，夹住一个微型的勺子，在坩埚里舀一点铁水，倒在镬子破洞的地方。倒完，立马放下钳子，拿起一段平头的石棉短棍，把还没有凝结的铁水使劲按住，等它冷却，一个补丁就补好了。如果破洞比较大，就要反复多次做这样的动作。直到补好，师傅再拿一把刮刀，把补丁周围的铁屑残渣刮干净，尽可能使补丁和镬子结合得平服，以防用的时候再被刮破。尽管这样，以后用铲刀盛饭菜的时候还是要小心翼翼，在补过的地方尽量绕道而行，避免铲刮，否则一不小心，又会碰破。

钉碗

所谓"钉碗",其实就是修补破碎的瓷碗。因为修复的时候是拿钉子钉牢破碎的瓷片,所以就有了这个名称。瓷碗很脆,容易打碎,尤其是小孩子打破饭碗更是常事。瓷碗不小心打破了,只要不是碎裂得太厉害,都可以补好了再用。在我们这一带,挑着担子出来钉碗的师傅基本上都是江西来的。印象中好像没听见过他们的吆喝,但是修补的过程是看得很清楚的。工具很简单,就是一把手动的钻子,一把小榔头,再加专用的搭钉。钻子是主要工具,先介绍一下。一根钻杆,用硬木制成,三十多厘米高,顶上安有一块扁圆形的铁块,靠它的重量来压住钻杆。钻杆

钉碗

下端安装有一个很细的钻头，钻头应该是硬质合金制成，通常叫作金刚钻。有句俗语说："没有金刚钻，就不要揽瓷器活。"说的就是这道理。钻杆中间横套着一根长的毛竹片，竹片两端系着细麻绳，连到钻杆上部固定。修补的时候，先要在瓷片破损的地方钻孔。只见师傅把竹片逆时针转几圈，等竹片被绳子牵引升起到上面的时候，握住竹片的手使劲往下压，钻杆因为绳子的牵引就转动起来了。由于钻杆顶上压着个铁砣，转动的时候有惯性，钻杆就会一来一回反复缠绕麻绳。师傅握住竹片的手只要随着转动的节奏，一抬一压，钻头就不停地来回转动了。钻头钻瓷片会发出"嗞咕嗞咕"的声音，因此人们就创造了一句歇后语，叫作"江西人钉碗——自顾自（嗞咕嗞）"。在瓷片上钻孔并不打穿，实际上只是打一个眼。因为瓷片硬度高，而在需要拼接的两片瓷片上要打出好几组相对的孔眼，所以很费工夫。等眼打好，就拿"U"形骑马钉的钉脚搭在两边的小孔中，用小榔头敲紧，两个瓷片就拼起来了。全部钉完，师傅还会拿出事先调好的白色液体，在接缝的地方涂抹一下，这样修复的地方就不会渗漏了。

随着经济水平的提高，钉碗这个行当在市井中消失已经有些年头了。不过最近看到介绍，现在在古瓷收藏的圈子里，有人把钉碗这种技艺，用在修复有收藏价值的瓷器上。而且他们不是一般的修复，而是在打眼、钉钉的时候，都要精心设计，讲究布局，那些破损的瓷器一经修复，又变成了一件富有特色的艺术品，真是高明啊！

弹棉花

弹棉花是一个修旧利废的行当。家里的棉胎时间长了会变硬，盖在身上不舒服不说，而且保暖性能也会下降。于是就要请店家去弹一下，进行翻新。

正规的弹棉花要用到轧花机，所以一般要有店面才能做这生意。记得在唯亭镇的东街有过一家刘姓的弹棉花店。走街串巷的个体师傅也有，但只能是简单操作，无法

弹棉花

做到彻底翻新。真正的翻新，是要把旧的棉胎拆散，放到轧花机里去重新加工。轧花机是一台四四方方的机器，木头的外壳，里面装着轧花的机件，由齿轮传动。工作的时候，靠人力在机器后方踩动踏板，转动机器。旧棉花从上面"喂"进去，通过滚齿转动，把硬结的棉花轧散，下面吐出来的就是蓬松的"新棉花"了。有比较考究的人家，会在轧制过程中再加入一点新棉花，那品质就更好了。旧棉花轧松过后，放到作台上，铺成一个棉胎的样子，真正的弹棉花这才开始。只见弹棉花的师傅腰里绑好一条阔带，在背部插上一条长长的毛竹片，一直弯到身前，上面挂着一张很大的弓，右手拿一个木棒槌，打动弓弦，靠弓弦的弹性，把棉花打匀。看这样的操作很有意思，师傅背弓打锤的样子真有点古代武士的风采；随着棒槌的击打，弓弦会发出"嘭嘭"的响声，很有点乐队里弹拨乐器演奏的韵味。等到棉花弹好，师傅要用棉纱斜向交织封兜棉胎，防止棉花跑出来。棉纱大多是白的，中间也要夹入几根染成红、绿色的，这样映衬在白色的棉胎上，看起来颜色鲜明。最后一道工序是拿一个圆形的木盾牌，把整个棉胎稍稍压实一下，然后折起来包装好，这就完成了。

修棕绷

以前床上的卧具比较简陋，早期一般都是床架子上铺几块木板作为床板，晚上睡觉就躺在这坚硬的木板上，其感受可想而知。后来稍稍有点进步，木板换成了用狭条木块钉起来的床垫，木条之间留有空隙，再也不是"铁板一块"，夏天可以透气散热，这样感觉会好一点。有些条件好的人家，会用比较舒服一点的棕垫。至于席梦思这样的高级卧具，只是听说而已，从没见过是什么样

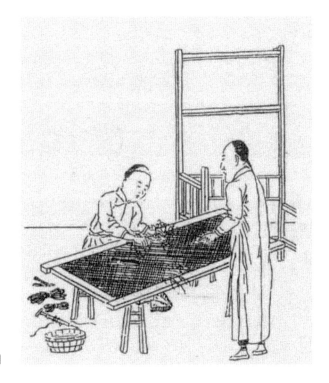

修棕绷

子，更不要说是享用了。席梦思床垫真正普及开来广泛应用，大概要到 80 年代以后了。这里就说说棕垫的事情吧。

棕垫，就是用细的棕绳穿织成的床垫。它的结构并不复杂，一个长方形的木框架，四边都打有孔眼，先用细的棕绳斜向穿插，穿过孔眼编织起来，然后孔里打入木砧塞紧固定。全部穿好，完成后就类似于在木框架上编织了一张棕绳的网。这样一个编织的过程就叫作穿棕绷。人躺在这柔性的棕绷上，自然就舒服得多了。不过这样一张棕垫的价格远远不是几块木板可以相比的，所以享用它要有一定的经济条件。

棕绷有弹性，睡上去确实舒服，可它也有致命的缺点：时间长了，棕绳会老化松弛，本来很坚挺的棕绷，中间慢慢会塌陷，最终变成一个大的凹塘。更要命的是如果家里有小孩尿床，时间长了棕绳会烂断，产生一个大窟窿。这样就必须要请专业的师傅来修理了。

从事修棕绷行当的都是走街串巷的师傅。他们边走边喊，招揽生意："坏（咯）棕绷——修作！"听口音像是来自沪南、浙北一带："修"的发音跟苏州方言中的"休"一样。他们工具不多，就几把铁制的家什，肩上一个挎包都装在里面了，另外还带着很多棕绳。如果有人家要修棕绷，就搬出两张长凳，把破的棕垫搁在上面。师傅先把破损部分的棕绳拆掉，然后用同样规格的棕绳重新穿好。做穿棕绷工作的基本是以两人搭档为主，或是夫妻，或是师徒。因为棕绳必须用力拉紧，所以非要两人合作不行。整个修棕绷的过程看起来并不复杂，也看不出有多少技术含量，但是修好的棕绷要保证坚挺，性能恢复如初，还要能经久耐用，这肯定是需要一定本事的。不过现在都睡席梦思了，这个行当还有吗？

磨剪刀

"削刀——磨剪刀！"从前，街上常常能听到这样一声拉长声调的吆喝，人们知道这是磨剪刀的师傅来了。于是家家户户凡是有需要磨刀的就会拿出来交给师傅打理。切菜刀和剪刀是家里的常用刀具，用久了会钝，这就要在砖石上磨一磨，使它重新变得锋利。因为磨刀需要有专用的工具，还要有一定的技术，所以一般都要请专业师傅来打理。于是这个走街串巷的磨刀行当就应运而生了。

磨刀师傅听到有人招呼，就会放下扛在肩上的长凳，摘下挂在凳子上的小铁皮水桶，摆出磨刀的场子。用来磨刀的那张凳子比标准款式的长凳要矮一点，短一点，可以说是一张小长凳。凳面的一头钉着呈倒"V"字形的两条木条，用以固定磨刀石。收拾停当，开始磨刀。

标准的磨刀有两个步骤，先要粗磨，然后再细磨。粗磨的时候，师傅先拿一块黄褐色的粗砂石，夹在那倒"V"字形的木条中，石面上抹上水，然后把刀口紧贴着石面，开始用力磨起来。相对来说，磨切菜刀比较容易，只要双手握紧菜刀，刀口朝前，一来一回地磨动。不过，如果你仔细观察会发现，师傅把刀推出去的时候用劲很大，收回来的时候动作则显得比较轻柔。原来，磨刀也要"软硬兼施"，"刚中带柔"，这正是磨刀技术的窍门所在。在磨刀石上磨了一会儿，师傅会停下手，用大拇指的指面在刀刃上试试刀口是否锋利。如果觉得差不多了，就要撤掉磨刀

磨剪刀

石,换成细腻的磨刀砖,进一步加工,这就是细磨。细磨比较吃功夫,刀磨得好不好,主要也就在这道工序上。

相比较而言,磨剪刀的技术要复杂很多。剪刀体量小,又是不规则的形状,不容易执手,而且剪刀有两面刃口,一个是平面,一个是斜面,如果没有一定的技术真的很难磨好。看师傅磨剪刀的时候,只见他一手握住剪刀把,另一只手拿一小段木块,按住剪刀尖头,这样才能使上劲。剪刀磨好,师傅会拿出一块破布试剪一下,如果效果满意,这就算是完工了。剪刀用久了,固定的铆钉会松动,师傅还会根据情况,拿小榔头敲紧一点。你可不要小看这一敲,松紧全在师傅的手上功夫:松了,剪东西会滑动;太紧,剪东西太费劲。要做到真正的恰到好处才是高手。因此,尽管磨刀师傅什么刀都能磨,但人们总是称呼他"磨剪刀的"。由此看来,用磨剪刀这个专属名词来称呼磨刀师傅，是有道理的，因为真正的功夫确实是在磨剪刀的过程中体现出来的。

在磨刀的凳子上，另一头一般还会装一架手摇砂轮机，这是碰到有的菜刀砍骨头崩出了缺口，就要用它来摇动砂轮，先把刀口磨平，然后再好放到磨刀石上去磨。否则，完全靠手工磨平这个缺口，可不是一时半会儿的工夫能做好的。

磨刀师傅大多来自苏北，一个"削"字在他们的吆喝中发出来的是"下"的声腔，特征非常鲜明。扬州有制作刀具的传统，"扬州三把刀"是赫赫有名的传统产品，所以磨刀师傅估计也多是来自扬州地区。不过，现在路上或小区里听到的吆喝声已经变了，南腔北调，各种口音都有。而且吆喝出来的语句也变了，他们基本上都是借鉴了现代京剧《红灯记》中磨刀人那句"吆喝一声"的台词："磨剪子喽——锵菜刀哦！"这或许也是与时俱进吧？

换糖

从前,无论在乡镇还是农村,经常能看到这样的身影:他衣着破旧,头戴草帽,肩挑一副担子,手握一支小竖笛,一路走,一路吹出一串简单的音符:"123……2321。"他无论走到哪里,都是重复这几个音符,想来他是单手执笛,只能用有限的手指按住"哆、来、咪"这三个音孔。吹了两声,竖笛离开嘴唇,接着是一声吆喝:"换糖吃啊!"

听到这声音,孩子们都知道换糖担来了,于是纷纷出来看热闹。换糖人放下担子,开始招揽生意。除了继续吆喝"换糖吃啊",同时还要报出种种可以换糖的废品来:

换糖

"破布头，旧棉花，牙膏壳子破尼龙，废铜烂铁旧塑料，鹅毛鸭毛鸡黄皮……屋里有啥废品，拿出来换啊！"孩子们禁不住诱惑，就会回家去翻箱倒柜找可以换糖的东西，是不是废品，他们是不管的，只要能换糖吃就好。等拿到东西，再到换糖担旁来交易。换糖担里是一大块饴糖制成的糖饼，厚度约有三厘米，放在正方形的木框里，上面盖着一块玻璃。乳白色的糖饼看上去又香又甜，真是诱人。换糖人先估摸一下孩子拿来东西的价值，拿把切刀，在糖饼上比画一下大小，然后用小榔头在刀背上"咣咣"一敲，一个糖块就敲下来了。孩子拿了糖块，根据换糖的常规，还可以跟换糖人提出再加一点，俗话叫"饶一点"。换糖人自然会按惯例，再敲一点给他。因此民间有这样一句老话："换糖佬佬饶三饶。"

　　用废品来换饴糖，这是最经典的传统方式之一。后来，镇上糖坊歇业，饴糖没有了来路，换糖人只好另辟蹊径，自己做梨膏糖来替代。说是梨膏糖，其实就是把赤砂糖加热融化后，倒在模具里凝固，然后划成两厘米多见方的糖。所谓的"梨膏"是没有的，只是外形相似罢了。那时孩子们实在没啥吃的，有块糖抿在嘴里能品尝甜味就心满意足了，其他都不会去计较，什么营养啊，什么卫生啊，压根就没有这样的概念。换糖人有了替代成功的经验，于是也会与时俱进，对可以交换的物品不断进行拓展。除了糖，还会再带点支萝卜、支酸饼等小吃，也有带小的玩具和文具用品的。总之，只要孩子们喜欢的东西，换糖人都会千方百计投其所好，目的只有一个，就是从他们手里换来可以变钱的东西。因为换糖不需要付钱，只要拿家里没用的东西（小孩子这样认为）去换，孩子们当然也就乐此不疲了。所以，有时候有的小孩偷偷把家里有用的东西拿来换糖吃了，父母回来发现了，小孩挨一顿暴打也是常有的事。这时候，换糖人早就挑着担子远远地走了。被换掉的反正也不会是太值钱的东西，所以一般不会去追回。

换糖人回到家里，会先把收来的废品整理归类，然后根据不同的情况决定它们的去向。有些旧的物件还有利用价值，他们会转卖给收旧货的，只要能赚到一点差价就肯出手。真正属于废品的，就送到供销社的收购站去交售。总之一句话，凡是他们换糖收来的东西，没有一样是不能变钱的，否则就不会收下，正所谓"千做万做，蚀本生意不做"。所以，对于换糖人判断废品价值的眼力不能不让人佩服。挑换糖担的大多是中老年男人，这样的能力或许跟他们的社会经验和阅历有关吧。由于这个行当不需要什么技术，成本也小，而且变现快，有立竿见影的经济效益，所以也就成了一些没有收入来源人群的理想谋生手段。曾几何时，在我们周边，随处可见挑换糖担的身影。有时候，甚至会发生村里刚刚来过一个换糖的，过了不大一会儿，又来一个的有趣现象。可见，选择做这行当的人还不在少数。在有的乡里，曾见过特别能干的人，靠换糖的收益，还自己买了小船，搭好篷帐，全家一起来从事这个职业，可见示范效应还是不错的。

认真分析一下换糖这个行当，确实对社会来说还是一件很有意义的事情。这里至少涉及了三个方面的利益关系：对于换糖人来说，他通过换糖的形式收购废品，再靠卖废品赚钱来维持自己的生活。他是完全依靠自己的能力解决了就业问题，借此得以生存，不增加社会的负担，从某种意义上来说也是对社会做出了贡献。对于拿废品换糖的一方来说，清理了家里的废物，换到了有价值的东西，可以说是废物利用，一举两得。现在，我们政府一直为落实垃圾分类伤脑筋，而从前基本上是没有这样的烦恼的，因为很多垃圾都被换糖消化掉了。最后，经过换糖人整理归类的废品交售给国家，或许就是变废为宝，用收购站的宣传口号来说，这是"支援国家建设"。由此可见，换糖真乃是一举三得、利国利民的大好事呀！可就是这样的好事情，在某一个非常时期，却被说成是"资本主义的尾巴"而被无情割掉了！看到有资料显示，浙江义乌的小商品产业，最早就是起源于换糖生意。当地有大批换糖人发现了其中的商机，萌生了做小商品的念头。当地政府因势利导，创造条件，不断开拓，最终形成了现在这样闻名天下的庞大产业体系。这一决策真是英明啊！

  在我们这个地方，尽管换糖的行当在主流社会并不入眼，但是确确实实有好多人从事过这个于国于民都有好处的职业。而今在地方志书里，我们却无处寻觅到他们的身影。不知有关部门的专业档案资料里会不会有一鳞半爪的记录，否则，这些微不足道的从业者和他们曾经的行当必将被湮灭在历史的尘埃里，有点可惜。

水乡风情

娶亲

我的外祖家在阳澄湖边的一个小村庄,那里民风淳朴,人们待客热情,是我年少时候的乐园。当年经历过的许多事情都给我留下了深刻的印象,特别是在娘舅家吃喜酒的情景,现在回想起来还是趣味盎然。

在农村,青年男女结婚叫好日("日"读如苏州闲话中的"热"),赴婚宴则叫吃喜酒。结婚的日子一般都定在冬季。这个时段,水稻收完,小麦种上,新米轧好,正是农闲时节,有时间、有精力来操办这样的大事。选喜日还有点讲究,民间有"初三、廿七不拣日"的说法。大家都要图个吉利,因此正月初三是结婚人家最多的日子。每到吉日,东村西邻同时办婚事的不在少数。我家农村亲眷多,所以也时常会碰到吃喜酒撞日的情形。

吃喜酒,在大人心目中是一场盛典,但对于孩子来说,则更多的是热闹。按照农村的习惯,吃喜酒并不只是新人结婚当天吃顿饭,而是一个过程,要持续好多天。一般在举行婚礼的前一两天,就要隔夜落桌,请至亲、长辈提前来吃饭。隔夜落桌不算正式婚宴,并没有什么好吃的东西,无非是提前杀了猪,用下脚烧点菜,诸如咸菜炒肝油、白菜烂糊肉丝之类来招待宾客。之所以请至亲、长辈先来,是因为他们年长,有经验,有些事情可以讨教,免得操办婚事出什么差错。

最热闹的当然是正日。那一天,大人、小孩全都穿戴一新，个个都喜气洋洋。娶亲，在这里叫作讨新娘娘。一般都是吃过午饭，派出两条船前往女方家去接亲。其中先发的一条叫行嫁船，是专门去载新娘陪嫁过来的那些嫁妆的。按当时生活条件，基本嫁妆就是被子、盆桶等日常生活用品；随着经济发展，农民生活水平有了提高，嫁妆也就开始不断提档升级，后来缝纫机乃至电视机都装到了船上。因此，等到行嫁船回来经过河道，两岸百姓都要跑出来，兴致勃勃地观看船上都载了些什么，以此来评判新娘家的经济条件。这些事情，小孩子是不上心的，他们期盼的是娶新娘的堂船什么时候回来。

将近傍晚，随着"砰啪砰啪"几声炮仗炸响，堂船快要进村了，看热闹的人们纷纷涌到河边，往船来的方向远远望去，只见那只搭着船棚的大木船飞驰而来。摇船的都是村里身手最好的后生家。摇堂船跟平时出行不同，要的是气势，所以后艄两侧驾着两把橹——除了右舷原来用的那把大橹，在左船舷外，还穿出一条跳板，增加了一把规格略小的二橹。这样，两把橹同时摇动，速度自然就非同

婚船

寻常了。更加拉风的是，摇大橹的也一反常规，不再是一个把橹，一个扭绷，而是改由四个人来操持：两个人肩并肩站着一起把橹，两个人面对面相向扭绷。橹绷只是一条粗大的棕绳，挂在橹梢上，怎么能两个人一起扭动，不看见还真有点费解。摇堂船的出彩之处就在这里。其中一个人是正常站在屏几板上扭绷，另外一人呢，则是脚踩在船舷口，背对水面，跟前者面面相对，两双手一上一下，同时握住橹绷一起扭动。这种方式还有专用名称，叫作外出吊。能担当这任务的可不是一般的后生，他不仅要技术好，还要有胆量，因为扭绷的时候他的整个身体都悬空在船外，仅靠双脚抵住船舷，双手抓住橹绷，使劲用力推拉。据说最厉害的好手，在将橹绷拉出去的时候，身体一挺，一个仰头，长头发能蘸到水面，不过我只是听说，没有亲眼见过。堂船终于到了河埠头，但是并不靠岸，他们还是拼尽全力继续往前摇，身后留下了他们脚下的屏几板被踩得"砰砰"作响的声音。我不明就里，问了大人才知道，这里也有名堂，这个叫作摇抢水。就是堂船疾驰经过，河滩边河水涌起的时候，东家要趁机用提桶去舀水，以讨吉利。据书上说法，堂船来回摇几次，是"以摆脱邪神恶煞"。在我看来，1949年以后，人民政府开展轰轰烈烈的运动，破除封建迷信，老百姓是不会去相信什么"凶神恶煞"了。我私心臆测，这样做，是不是要在邻近河道兜一圈，让附近的村民都能看一看这家婚事的派头，或许有点"招摇过市"的意思吧？

完成这个程序，堂船靠岸，夫家出来接亲。这时候，新娘还不动身，由伴娘陪着，端坐在船舱里。先上来的是阿舅（新娘的哥哥、弟弟们），他们根据长幼亲疏按序排队走来，手里端着大红礼盘，里面盛放着肉、鱼、糕和讨口彩的各种果品，如甘蔗——节节甜，红枣——早生贵子等。接完舅老爷，就该请新娘了。新娘上岸，进入夫家，不是自己走，而是要有人抱上来的。至于为什么要抱，内中自有讲究。据说这是为了将来成家之后，如果碰到夫家跟媳妇有什么口角，媳妇可以说一句"我不是自己要来你家，而是你们把我抱进来的"来作为回敬，以示自己无辜。这样的说法，想来有点可笑，新媳妇还没有进门，居然已经想好今后吵架时的后路，不禁让人唏嘘。抱新娘一般由男方的一位长辈担当。你可别以为这是个美差，这可是个力气活。新娘长得娇小玲珑的还好，如果碰到高大丰满一点的，要把她从船上抱到新房，那可不是闹着玩的。在我务农的村里就发生过这样的事情：新娘被抱到廊檐口的时候，抱新娘的感到沉沉的有点吃不消了，这时又不能放下歇歇，于是他只好屏足一口气，使劲把新娘往上耸了一下。哪知廊檐低矮，这一耸可不打紧，却让新娘的额头跟横梁来了一个亲密接触。还好，碰到的是木头，没有磕破出血，要不然就惨了。这个事情以后变成了田间地头的笑谈。

把新娘送入了新房，后面的事情就按照程序一步一步展开了：拜堂结亲，挑方巾，闹新房。对于烦琐的结婚仪式，我并不感到有什么兴趣，印象中只有司仪不停地呼喊"bǎi""bǎi""bǎi"。小时候听不懂他叫的"bǎi"是什么意思，心里只是纳闷：结亲为什么要"爬"（苏州闲话中读如"bǎi"）啊？后来才知道，原来司仪是用"官话"在呼"拜"字，一拜天地，二拜高堂，夫妻对拜，当然要不停地"bǎi"了。至于闹新房,这是"青头鬼"们的专利,也是他们心目中婚礼的高潮部分,小孩子年纪小,是没资格去轧闹猛的。

当然,这样的婚礼还是五六十年前的形式,现在看起来,就是昨天的故事,把它写下来,也算是留给明天的一点文字记忆吧。

焌糕

俗话说，过了腊八就是年。每到这个时候，村民们家里就要忙着置办年货，做好过年的准备了。要做的事情很多，其中自己动手做年糕，是多少年来一直保持的传统节目。自己做年糕，农民把它叫作"焌糕"。为什么用这个说法，大家都不知道。或许老祖宗就是这么说的，然后一代一代传下来的吧。农民是朴实的，他们只要觉得这事做着有意思，就会一门心思去做好它，至于叫什么名称，那是无关紧要的。

焌糕先要磨米粉。米粉要用好几十斤，都是自己用大石磨来磨。尽管后来粮食加工厂有了电动粉碎机，但是据说钢铁机器打磨的米粉吃口不好，大家还是喜欢自己磨。石磨磨粉要花力气，可是农民有的是力气，不怕。石磨的磨盘大的有脸盆那么大，转动它要花点力气，这自然是男人的事情。但见他远远地站着，用安在磨盘上的木杆推拉转动磨盘；一推一拉，磨盘转动一圈，站在磨盘旁边的女人就往石孔里喂一把米。他们一个推磨，一个"喂"米，配合默契，这场景就好像是一出现实版的锡剧《双推磨》。

磨粉既要磨糯米，又要磨粳米。磨好，把两种米粉按比例掺和在一起，然后稍微加一点水搅拌均匀。水是加糖兑成的糖水，如果用红糖，那做成的是红糖年糕；加白糖，就是白糖年糕。这加水可是技术含量很高的活儿，加多加少都不行，必须是恰到好处，这尺度的把控完全靠经验。

糕粉和好，先装进杉木制成的蒸桶里，然后架在锅灶上，开始点火烧水上蒸。糕要做得好，蒸煮的火力很重要。火必须烧得旺，使锅里的蒸汽能够穿透糕粉，确保中间都蒸熟。如果火力不够，没有熟透，造成夹生，那可真个是"糟糕"了。这时候，灶膛里架起木柴，烈火熊熊，整个灶房里蒸腾着温暖的雾气，蒸桶里透出的米香氤氲在阵阵雾气中，沁人肺腑。

等了好大一会儿，糕粉终于蒸好。灶膛熄火，等蒸桶上面的热气消散，糕粉出笼，真正的熨糕开始了。这活计基本上也是男人的专利。只见他捧起蒸桶，跨开戏台上武生般的台步，走到堂屋，把蒸熟的糕粉倒在清洗干净的矮桌上。糕粉冒着热气，应该还是滚烫的。他拿过一块用凉

熨糕

水浸泡过的白布盖在糕粉上，攥紧两个拳头，用拳面隔着白布使劲压实糕粉。压过一遍，就把糕粉团起来，再次挤压。这压的工作很重要，只有使劲把糕粉压得紧实了，做出来的年糕吃起来才有韧劲。这种咬嚼的劲道是店家机器生产的糕点所没有的。所以尽管很费力气，但做的时候是绝对不肯马虎的。这样反反复复几个回合，直到压得结实，把糕粉变成了一个其貌不扬的大糕团。接着，再把大糕团边压边拉，形成半尺宽的长条，表面抹上熟菜油，油亮光光的年糕坯块就横卧在桌面上了。

最后分割切块就轮到女主人来展示技术了。分割确实有讲究：只见她先拿起一根扎鞋底用的绞股粗棉线，对糕坯一瞄，在离开顶端大约十厘米的地方，把棉线兜底穿过，绕到上面形成一圈，然后两个线头一拉，嘿，一块年糕就这样爽快地亮相了。我感到好奇，问过为什么不用刀切？得到的回答是："糯米黏性大，会糊刀。"原来如此！年糕一块一块割下来，割到末尾不足一块的部分，叫作糕头，这就是孩子们的福利了。他们眼巴巴地看了好半天，也就是期待这一刻哪！几十年过去了，今天回想起来，好像齿颊间还留有那带着温度、透着米香的软糯滋味呢。

糯米糕，可以说是苏州的特色产品。在老字号的糕团店里，各种不同品类的糕点琳琅满目，店堂内外，一年四季，天天顾客盈门。可是，农家年糕的滋味却是买不到的，这独特的味道让人永远怀念！

牵磨

牵磨,是一个已走进历史的旧名词,而对于我们这一代人来说,却是一件再熟悉不过的事情。

先解释一下什么是牵磨?所谓"牵磨",其实是指把大米(也有加工麦子等其他粮食的,但日常生活中还是以大米为主)用石磨磨成粉。在影视剧中,我们常常能看到北方农村家里用牲畜拉动一个硕大的石磨加工粮食的镜头。这在北方叫作拉磨,我们这里为什么要用个"牵"字?道理就在于我们这里的石磨体量不大,见过最小的直径差不多只有十厘米,最大的也不过大的脸盆那样子;磨粉的时候都是用人力来转动磨盘,这个过程就叫作牵磨。

牵磨用的磨,我们通常叫作磨子,是用花岗石加工制成的。磨子分为上下两爿:上爿差不多就是一个石鼓形状,大小、高低各有不同。顶面四周一圈是一条凸起的边沿,中间部分凹下去,用来放待加工的粮食。一侧凿有一个上下贯通的圆洞,牵磨的时候粮食就从这里"喂"下去。圆洞的直径根据磨盘的大小而定,没有定规。在上爿的底面,中心有个凹潭,里面是浇铸固定的一个铁圈。从中心出发,按一定规则凿有几组斜向的扇形浅槽,这是磨齿。在磨盘的侧面,凿有一个矩形的孔,用来安装转动磨盘的曲尺形木柄。下爿跟上爿是相对应的另一半,但是高度要低很多,一般家用的不会超过十厘米。它的中心位置也是一个凹潭,里面安装的是一个铁的小圆柱,大小差不多正好套在上爿的铁圈里,能够自由转动。同样的,从中心出发也凿有斜向的浅槽,不过方向跟上爿的正好相反。牵磨的时候,就是靠两组不同方向磨齿的碾压,把大米磨成了米粉。普通家用的石磨,一般下爿的直径还要比上爿大一圈,这是因为外围加了一圈石槽,以供储存磨出来的米粉之用。

牵磨的具体操作是这样的。如果是家用的小型石磨,那就需要一个人单手握住装在上爿一侧的木柄,顺时针转动;在转动的过程中,另一只手相机把磨子面上的米拨一点下去,让它碾磨。一般是转两三圈,拨一点。这样,一边转一边拨,米粉就从两爿磨盘中间纷纷扬扬地出来了。这"喂"米的动作很有讲究,拨米的多少,时机的掌握,都需要经验。米拨得太多太勤,磨出来的米粉颗粒就会太粗;如果"喂"得过少,米粉是细了,但是效率太低,而且还容易造成石磨的过分磨损。所以要达到恰到好处的境界,还真需要有一定的历练。这种家用的小型石磨,我们通常叫作手磨。在乡村,有的农民家里还会有大的石磨,如果家里要办什么事,例如蒸糕,往往需要好几十斤米粉,那就非得动用大石磨不可。大石磨的样式和原理跟小石磨差不多,基本就是一个放大版。所不同的是上爿顶面上一左一右开有两个"喂"米的孔。大石磨体量大,转动它需要比较大的力量,所以,操作方法也就不一样了。大石磨都是放在一个专用的木架子上。牵引它转动的叫磨棍,这是一个约有四米长的"Y"形木杠,开口的那一头横装着一根用来执手的木杠,整个磨棍是用麻绳吊在房梁上的。牵磨的时候,需要两个人合作。一个双手握住横杠,做推拉动作,一推一拉来转动磨盘;另一个是一只手握住磨盘上的木柄，帮助牵引转动磨盘，另一只手在转动的过程中"喂"米。因为石磨磨盘大，牵磨的时候"喂"的米多，所以磨粉的速度很快。传统的豆腐店里碾磨黄豆，就用这样的大石磨。我们苏南的地方戏——锡剧经典剧目《双推磨》里就有这样的场景。

为什么以前家里都要用到牵磨？这是有道理的。首先是因为我们苏南老百姓喜欢吃米粉做的食品，例如，团子、年糕都是米粉做成的。在我们苏州一带有冬至夜、廿四夜吃大团子的习俗。从前经济条件有限，一般不会去买店家的成品来吃；早先没有机械加工，所需的米粉只好自己用手磨来碾。因此每年这个时候差不多家家户户都要牵磨。磨子并不是家家都有，所以往往是去有磨子的人家借来用用。好在从前邻里之间都很热络，有借有还的都是人之常情。这是属于刚需，还有一点是出于无奈。在三年困难时期，粮食奇缺，家里不够吃，就想方设法动脑筋来节省粮食，把米碾成粉，也是节约用粮的一个招数。当时家里经常做米糊来充饥。就是锅里先烧开水，放进很多绿叶菜，然后把米粉撒下去搅和烧熟，这就成了一锅烊粉粥。这样，所需粮食比纯粹的白米煮粥肯定省了很多，轮碗数吃的话确实很"划算"。但实际上，这东西不耐饥，吃过之后消化快，结果还是饿，只是吃的时候暂时骗骗自己的嘴巴罢了。在饥饿年代，这也是出于无奈啊。当然也还有另一种情况，那是属于改善性的。有的人家条件比较好，先会拿出一些米（常常是糯米）来，加入黑芝麻，放在镬子里炒熟，然后碾磨成粉，这叫作炒米粉。因为已经是炒熟的米粉，所以只要用开水冲泡，就能当点心吃。如果有条件，冲泡的时候再加上白糖（没条件的则是加廉价的糖精），搅一筷子猪油拌在里面，那又香又甜的味道不要太好！磨好的炒米粉放在大口玻璃瓶里储存起来，有需要随时可以拿出来享用，因此可以说是从前自备的方便食品。如果要是论资排辈的话，这炒米粉可是现在店里卖的芝麻糊的"老祖宗"了。

正因为从前家庭石磨的普遍使用，所以也催生了一个制作和维护石磨的行当。当时在我们西街，就有一个石作，老板姓王，专门做这行当。小时候，见过王老板的工作，只见他左手握着一只钢凿，右手攥紧一把浑圆的铁榔头，手臂扬起，"当"的一声，一凿子下去，火星直迸。设想一下，一大块原生的花岗石，一凿一凿打制成一台石磨，要花费多少工夫，需要多大的耐心？现在想想真是不容易啊！另外，石磨用的时间长了，磨损很多，碾磨就会迟钝，这样磨子就要重新加工，请师傅把磨齿再凿深一点，这叫作碶磨子，在坊间也是经常可以看到的场景。直到60年代后期，机械驱动的钢磨推行起来，石磨和人工的牵磨才慢慢退出了历史的舞台。

消暑

在我们苏州，往往是"梅姑娘"一动脚，盛夏就拉开了序幕。从此，烈日当空，无情炙烤，气温一下子就会飙升，有时甚至会出现连续37℃以上的高温，热得让人吃不消。好在现在经济发展，生活水平提高，发达的科学技术为我们提供了降温避暑的良好条件，这在以前是不可想象的。

从前没有这样的条件，热天怎么过？人们当然也有办法，其中最突出的就是用水来做文章。我们地处江南水乡，出门就是水，因此借助水来消暑具有得天独厚的条件。

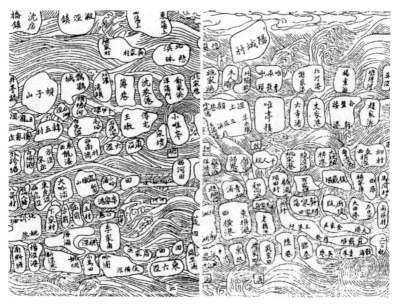

唯亭镇村庄总图

水乡风情

最开心的是无忧无虑的孩子们。放暑假了,有的是时间。最淘气的孩子,上午八九点钟就要下水,除了吃饭,基本上都泡在水里。打水仗、吊轮船、钻猛子、"插蜡烛"(跳水),或比赛,或游戏,个个都玩得不亦乐乎,哪还有暑热的影子呢?当年,在竹行和竹器社门前的塘河里,常年泊着竹排,这里便成了孩子们玩水的天然乐园。

这样的乐趣当然只属于孩子,大人呢,经过一天辛苦的劳作,经受了一天高温的烘烤,收工以后,下河去氽一个冷水浴,同样也很惬意。河水清澈见底,翠绿的水草摇曳多姿,可爱的小鱼儿蹿来蹿去。坐在河埠的条石上,有些调皮的小家伙还会来啄啄你的脚趾,就像给你挠痒痒,舒服极了。在河里一浸,白天加在身上的暑气和一天的疲劳便随着清凉的河水流走了。所以,每当夕阳西下,河埠头边到处是氽冷浴的人群,其热闹的情景,差不多就像如今海滩的露天浴场。在偏远一点的农村,民风淳朴,男女老幼都会下水共浴,有点年纪的村妇袒胸露背也没人感到奇怪。

最值得怀念的是那口老井。当时在农村,几乎家家都要打井。天热了,要吃西瓜,就提前把瓜荡到井里,过一个时辰吊起来吃,那味道真叫一个"赞"!自己做的酸梅汤、绿豆汤都可以放在井水里冷激,其效果不亚于现在的冰镇。中午没吃完的饭菜,为了防馊也可以把它吊在井里保鲜,老井就是一口天然大冰箱。傍晚,打一桶井水洒在庭院里,可以消解白天的暑热。晚上天热无法入睡,可把盛满井水的盆、桶放在房间里,冰凉的井水也能帮你降温;如果有台电扇一吹,效果还是很明显的。等到水温升高,可以再换凉的，反正井水不要钱，只要花点力气。人们安度苦夏，那口老井还真是功不可没。

当然，借水消暑只是方式之一，更多的时候或许还是要借助大自然恩赐的凉风来帮助驱散闷热的暑气。可以说，乘风凉是当时最广泛、最普遍的消暑活动。好在以前居住的大多是平房，没有这么多高楼大厦，自然风不受什么阻挡，所以，有的是可以享受自然恩惠的地方。

白天，在唯亭街上的老房子一般都比较进深，就自然形成了一条凉风的通道。吃过饭，搬一张竹躺椅，在凉风穿过的地方，可以美美地睡个午觉。在外面，有很多狭窄的弄堂，因为日照时间短，所以也是一个极好的去处。傍晚，大门口、弄堂里，则往往是老人乘凉、享用晚餐的领地。在城镇大街小巷兜一圈，你会领略到一道独特的风景：一只小方桌，两三样小菜，诸如炒蚕豆、炝毛豆之类，一小瓶老酒，一只"小红灯"半导体，老人家边咪老酒，边听书，苏州评弹那弦索叮咚的独有韵味，不能不令人陶醉。在农村，两个地方乘凉最好：一是牛棚，一是船坊。没有拖拉机的年代，牛是农民的宝贝，必须照顾周全。夏天的牛棚，只有稻草苫盖的屋顶，四周不设围墙，太阳晒不进，凉风吹得到。所以只要野外有一丝凉风，那牛棚就一定是最阴凉的地方。或许要问，牛棚不臭吗？告诉你，牛不像猪，没有臭气，只有一点臊气，但比起酷暑煎熬，这也就在其次了。再说船坊。以前农家都用木船，不能日晒夜露，所以村里都要搭建船坊。木船停在里面，上面没有日晒，下面却有水汽蒸腾，那凉快就可想而知了。

至于到了夜间，家家户户，男男女女，老老少少，只要是天气好,几乎人人都要出来乘风凉。于是,就形成了具有鲜明时代特征的纳凉活动,或许也可以说是那个年代特有的一种文化现象。

每到太阳落山,暑气开始消退,各家各户便搬出种种器具:坐的有长凳、杌子、小矮凳、竹交椅等,躺的则有春凳、藤椅、竹榻甚至门板等,选在空阔地方摆开场子。一般是几户人家合并在一处,以便交谈闲聊。等到天断黑,纳凉的人们便手摇蒲扇纷纷"入席",纳凉活动的帷幕就拉开了。

说是纳凉,其实也不单是坐在外面吹吹凉风而已。紧张劳作了一天的人们,得闲坐下来,让手脚休息一下,却也舍不得白白浪费了这段大好时光。于是,一边乘凉,一边交流着平日里得来的各种信息。话题常常是随着各人的见闻和想法不断变换,反正是东说梁山西说海,扯到哪里是哪里。有些健谈的妇女虽然大字不识一个,但口才了得,拉起家常来,东家长,西家短,柴米油盐酱醋茶,什么话题都是随口而来。这时候,孩子们则大多陶醉在千奇百怪的故事里,或者是沉湎于让人费心劳神的谜语中。纳凉的时候,有点音乐才能的人会操起胡琴、笛子、竹箫、口琴之类的乐器,奏上一段悠扬的曲子;也有能唱的则唱唱歌曲,哼哼戏文。虽然这样的人不多,但是他们朴素的表演,则为纳凉活动增添了些许艺术色彩。

水乡乘凉有个特别吸引人的去处——桥上。因为桥都架在河流之上,环境空旷,地势高,带有水汽的凉风自然胜过别处。所以,吃过晚饭,不甘寂寞的人们就会三三两两地往桥上跑。桥是古老的石桥,先到的有占了桥面两侧石栏的优先权。这时候，白天神气活现地蹲在桥栏上注视着过往行人的石狮子就只能俯首帖耳地垫在别人屁股底下当凳子用。不过，在桥上乘凉基本上是男人的专利，妇女一般是不愿意轧这个闹猛的。

最有趣味的要算是水上乘凉了。到了晚上，别出心裁的年轻人高兴起来，就会纠合起三五个同伴，到村里摇出一条船来，停到江河中间或是古老的石拱桥下乘凉。水面上，凉风习习，夹杂着水草的清香一阵阵扑面而来，会给人带来说不出的舒适。这种惬意的感受是生活在大城市里的人们所无法体会的。

乘凉当然免不了会受到蚊子侵扰，怎么办？那时一般还不舍得用蚊香，对付蚊子的方法，除了用扇子驱赶，还有就是做蚊烟熏。方法是先拿一把干柴点着火，不等它完全燃起，就马上用一团预先准备好的水草将火盖住，让它只冒烟而不蹿火。于是滚滚浓烟随风而来，蚊子自然就逃之夭夭了。然而乘风凉的人也并不好过，往往会被烟熏得"热泪盈眶"，可是物质条件有限，这有什么办法呢？后来，随着避蚊剂的问世和蚊香的广泛应用，人们才得以免受烟熏之苦。

纳凉的时间长短不等，随感觉而定。一般是到晚上10点过后，感觉身上凉爽了，就回屋里睡觉。也有特别热的天气，家里像蒸笼一样，走进去就是一身大汗，那就只能整夜躺在外面，直到天明。每到这个时候，如果你有兴致到小镇的街道上走一趟，就会看到露宿的人们横七竖八躺在各种各样的"床铺"上，排满了街头。在排得特别挤的地方，你要侧转身子才能走得过去。不过不用担心，露宿街头在当时是司空见惯的现象,绝对不会发生什么治安问题。

后来,随着生活水平的提高,过去只有大户人家才有可能享用的电风扇"飞入"了寻常百姓家,从此,这些原生态的纳凉活动便逐渐淡出。时至今日,家里用空调已经是很普遍的事情,从前夏季的纳凉生活已经一去不返。弹指一挥间,几十年过去,今天回想起来,简直是恍如隔世,社会发展、进步的速度真是令人感慨啊!

摇船

苏州地处江南水乡，境内河湖港汊纵横交错，从前出行，如果路远一点，除了步行，船是唯一的交通工具。曾记得诗人笔下有过这样的描绘："水乡的路，水云铺，进庄出庄一把橹。"诗人的妙笔把水乡农村的日常生活情景表现得如此富有诗意，真情也确实是这样。在农村，船是最重要的生产资料之一，村村都有，没有例外。所以在农村生活，学会摇船是必须具备的一门农业技术。可以说，凡是成年男子，个个都会摇船；有些胆大的女子也都会踊跃学习，毕竟多一点本事没有什么坏处。

船的前行，是靠橹来驱动的，所以学摇船，就是要学会用橹。本地农船用的橹式样跟外地的有所不同。如苏北行船多用桨划。桨的构造很简单，就是一根粗的木棍跟一块狭长的厚木板捆在一起的结合。他们行船，桨是安在船身一侧的，操作比较容易，就是双手握住木杆，弓着身子，向前一摆一摆，让下面的木板划水，船就动了。浙江绍兴那边的橹，形制也差不多是这样，就是规格要大一点，只是不安在船身侧边，而是架在船尾摇动。我们这里船橹的形制比较奇特，它由三个部分组成：橹梭、橹床（橹身）和橹板。橹梭是一段由细渐粗的木棍，在细的那头，上面固定有一块状如鹅头的木块，样子就像步枪的准星，它还有个专用名词叫作"鹅得头"。橹床是一段较粗而呈椭圆的木头，在它中段的下面凿有一个约两寸见方的凹塘，里

阳城渔艇

面嵌一块中间挖有凹潭的木块，这叫橹垫。摇船的时候，把橹垫架在船后舵的一个铁制"橹人头"上，这是橹身的一个支点。一推一扳都靠它来支撑，所以必须用坚硬耐磨的木料来做。再往下就是橹板。橹板不是普通的一块矩形平板，它的形态有点复杂。上端面上跟牛脊一样隆起，往下渐渐平伏并展开成板状，越往下就越宽，形状差不多像琵琶的琴身。这三个部分的连接很有讲究，段与段镶接的地方先都削成长长的楔形，然后把橹梭的尾部盖住橹床的头部，橹床的尾部再盖住橹板的头部，镶接的地方都用铁箍箍紧。整支橹看起来浑然一体，"一波三折"，很像楷书"入"字那长长的一捺。关于我们这支橹的造型特点还有个传说故事。据说当年鲁班到江南，看到船工一摆一摆地划桨，他也想试试。可是弯腰划桨实在太累了，一时火起，就举起木桨往地上一摔，结果断成了三截。可是船没有了桨不能动啊，没办法，他只好把断成三截的桨再接起来使用，于是就形成了这样"一捺"的独特结构。附带提一下，摇船用橹，必须有个不可或缺的搭档——橹绷，因为橹的活动是要靠橹绷来管控的，没有它，橹就无法摇船。橹绷主体是一条精心编制的粗棕绳，样子很像大姑娘的长辫子；上端套在一个"n"（下口封闭）形的铁制橹花里，用以挂住橹梭；下端有一个"5"字形的铁钩，钩在船舷的一个铁圈内。这样"三位一体"，一支分量沉重的橹就靠这条橹绷挂住在船舷上，之后就可以灵活地运动了。

实际上，摇船并不是什么高难度的技术，可是初学的时候确实也不大容易掌握。摇船的时候，是先把橹架在船艄后舵盘上那个"橹人头"上，再在橹梭上"鹅得头"的左边套上橹绷，让整支橹有所管控；然后，双手把住橹梭，推出去，扳进来，使得橹板在水中来回划动，船就前进了。初学摇船，最大的烦恼就是掉橹垫。因为橹是靠橹垫架在"橹人头"上灵活地扭动做动作的，一推一扳都要靠手腕的劲道来掌控。如果一分神，一不留心，手里一侧，橹就会"咕嘟"一下从"橹人头"上滑落下来，本来正常行走的船马上就会失去控制，在水面打转，弄得你手足无措而急出一身汗来。这样的事情，就像学游泳会呛水一样，没有一段时间的历练是无法掌握其中的门道的；而且其中的窍门是完全无法用语言来表述的，只有自己慢慢体会。

船有大小之分，用途不同，所以摇船的方式也有区别。

大船一般要两个人合作摇橹：一个把橹，一个扭绷。

把橹需要很高的技术，不要说不会掉橹垫，就是橹板切水的角度也有讲究。有经验的老农把橹，能使船行得快，而摇船人并不感到吃力，这就是技术高手的境界。扭绷相对比较简单，它主要是帮助把橹人用力，因此只要握紧橹绷，推出去、拉进来就行了。当然，扭绷是摇船的副手，你的动作必须同把橹的师傅协调，否则会受到批评甚至责骂。初学扭绷的时候，往往会因为胆小而不敢用力推出去，造成小推大拉，使得把橹的无所适从而感到特别吃力。新手有时候因为动作不协调，推出去用力不当，而使橹绷从橹梭上脱下来（美其名曰"探花"），以致落水的也时有所闻。如果是摇小船，那基本就是一个人的事情了：右手把橹，左手扭绷。

如果船上装载不重，行船距离又比较远，通常采用"走三板"的摇法：把橹的出左脚，扭绷的出右脚，同时一前一后移动脚步（决不能搞错），靠身体的运动来助一臂之力，这样摇船比较省力。这种摇法如果两个人技术娴熟，配合默契，动作舒展，看上去很是潇洒，颇有点舞蹈的神韵。还有一种摇法叫小橹板，就是脚不移动，全靠手里用力。这种摇法船行得比较平稳，一般重载要用这种方法，以防船体晃动，避免船舱进水。像收获季节，装满成捆稻麦，堆得很高的船，非用小橹板摇法保持平稳不可，否则船有倾侧的危险。不过这样摇起来非常吃力，难以持久，所以只好用于短途。

后来，随着科学技术的发展，船用机器逐渐普及，摇船的情景也就慢慢退出了历史的舞台；取而代之的是水面上到处是"啪啪啪"的机器声响和呛人的柴油气味，免不了给人增添了些许烦恼。

耥泥

耥泥，就是把水底的淤泥用专用的农具捞起来，这是水乡农民积肥的一项农活。耥泥是唯亭农民通常的说法，按照普通话的标准应该叫罱泥。以前在农村，积肥是一部重头戏。农谚说得好："庄稼一枝花，全靠肥当家。"早先的农家肥料主要有三个来源：河泥、猪窠和黄粪，其中河泥是"主打产品"。稻麦两熟的基肥主要靠河泥。因此，在农闲时节，农民耥泥的船是一直不停的。每当冬春季节，在河湖港汊到处都可以看见耥泥的农船，这也成了江南水乡农村的一道独特的风景。这样的情景，在《人民画报》记者拍摄的照片上也见到过。

耥泥

耥泥是一项大农活，既要力气，又要技术。所以，在农村，能不能上泥船是衡量你是不是一个成熟劳动力的重要标准。耥泥船开出去，要两个人搭档。一个在船头耥泥，另一个在船尾撑篙。前者是老大，后者是副手，两个人要密切配合，才能有很好的生产效率。早先，常常有年轻夫妻搭档开泥船的，丈夫船头耥泥，妻子船尾撑篙；更有意思的是，春暖花开，天气合适，还会把自己幼小的孩子也带到船上去，给他绑好背带，让他坐定在后艄屏几板上。此情此景，让人感到无比温馨。

耥泥用的农具也叫网，但跟捕鱼的网完全不是一回事。它是用两根大约七米长的毛竹，在将近一米高的地方略微熏弯后交叉固定，组成一个可以自由张合的"剪刀口"；这两根毛竹叫网竿。在网竿顶端横装着五十多厘米长的木杠，木杠上斜着打穿很多孔，耥泥的网就用麻绳穿过孔眼固定在这木杠上。泥网分成两段，前半截是用白布兜成的泥袋，后面部分是用细的麻绳编结的，样子跟结渔网差不多。泥网编结好以后，要放在猪血里浸透晒干，以防止网绳长期在水里浸泡而烂掉，这样做可以延长其使用寿命。

耥泥的时候，老大先站在船前左舷部位，双手张开网竿，让泥网下水直插河底；然后左手握住的网竿紧紧抵住在腰部，右手握的那根高高撑起，这样，水底的网口就张开了。紧接着，人用劲往前迈步，使泥网的木杠紧贴着河底滑行，把河底沉淀的淤泥兜到网里去。同时，船尾撑篙的要配合好，双脚用力挺住屏几板，双手使劲往后撑住粗大的竹篙，努力让船保持稳定，直到前面耥泥的网里满了才停止走动。这时候,老大两臂放松,把两根网竿合拢来,这样水里的网口就夹紧了。但见他攥紧网竿,慢慢地把耥满河泥的网提上来了。满满一网兜带水的河泥,分量很重,所以在提到水面的时候,他要把网竿搁在膝盖上,后手用力揿下网竿,前手握紧网竿往上提,运用杠杆的原理,屏足一口气,把一网泥"哗啦"一下翻倒在船舱里。这时候,灵敏的撑篙者也会紧密配合,一步跨到提网的船舷那一边,让船侧向水面,这样,提网的时候船舷到水面距离短了,起网就可以轻松一点。上面这样一个过程,就是耥了一网河泥,一船舱不知要装多少网才能耥满。而一天一般要耥两到三船舱泥,其中要付出多少体力,可想而知了!

也见过别地方不同的罱河泥方式。他们用的农具是夹网,将两只竹编的畚箕合在一起,就好像一只巨大的河蚌那样子;网竿也比我们这里的短得多,直直的两根毛竹,就像一副巨大的筷子。夹泥的时候,先把船固定好,一前一后两个人同时站在船的一侧,张开网竿竖直插到河里,然后夹紧网竿提上泥来。这种做法,夹住的泥不多,分量不重,所以相对是比较轻松的。不过,这样的方式劳动效率比较低,而且只能在浅水中才行,如果水深或者河底淤泥不多,那是夹不到多少泥的。

还有一种形式叫拖泥,主要是用一条长的麻袋,袋口装着粗的铁链。拖泥的时候把它丢到水里,沉到河底;让船缓缓前行,河底的淤泥就慢慢地兜进了麻袋。拖了一会儿,估计差不多要满了,就抓着铁链慢慢提起来,把泥倒在船舱里。

耥满了一船泥,就要把船摇到卸河泥的地方去。这样的地方，有个专用名称叫塘涂，是专门用来存放河泥的。把船舱里的河泥弄到塘涂里去，这是又一件非常吃力的农活——拷河泥。拷河泥的农具叫牵箵，形状像吃西餐用的汤匙，不过是巨型的。拷泥的时候，双手一前一后紧握牵箵的毛竹柄，弯腰去舱里舀上一勺泥，然后直起腰来，快速双手一扬，把一勺泥送到岸上的塘涂里。一舱河泥，就是这样一勺一勺地拷上去的。每拷一勺，就要弯一次腰，而且拷到后来，船舱里泥少了，更要把腰弯得很低，这辛苦的程度可想而知。

  耥泥的整个过程都不轻松，如果碰到天公不作美，风浪大一点，那付出的劳力比平常更多，人更辛苦。但最苦的是大冬天，寒冬腊月，滴水成冰，为了积肥，泥船还得照开。这样的天气，泥网下到水里，耥满了泥，拉起来的时候，网竿上全是冰花，双手将上去，痛得钻心！但是，那时完全是靠天吃饭，有什么办法？正如唯亭农村山歌中唱的那样，"白米饭好吃田难种"哪！

  不过这艰苦的农业劳动中有时也会有一点亮色，那就是耥泥的时候有一些小鱼小虾会被裹入网中，随着河泥一起带到船舱里来。这时候，撑篙的就会拿事先准备好的小网兜把它们捞起来，养在水里，回去可以开开小荤，改善一下伙食，也是苦中作乐吧！

水车

明代苏州四大才子之一的祝允明,曾经写过一首题为《山行》的诗:"小艇出横塘,西山晓气苍。水车辛苦妇,山轿冶游郎。麦响家家碓,茶提处处筐。吴中好风景,最好是农桑。"诗中"水车辛苦妇"一句,写出了古代农村妇女车水劳动的辛苦,表露了诗人对她们的深切同情。水车车水究竟是怎么一回事?这劳动到底有多辛苦?对于年轻一代来说,这是个完全陌生的话题。

从前科技不发达,农村的生产力水平极低,处于原始状态的农业劳动都需要付出很大的体力,确实非常辛苦。就拿车水来说吧。我们苏州地处江南,粮食生产以稻作为主。水稻生长期长,从播下种子到成熟收割,差不多要半年时间。在这样漫长的生长过程中,一直要用水灌溉,所以保证水稻田里有水,是水稻种植的关键。田里的水从哪里来,当然是取之于江河。把江河的水灌到田里,自古以来就一直是靠水车来解决。

水车长什么样子?它是怎样把江河的水提到田里的?

我们先来了解一下水车的构造。水车的基本骨架是一条长长的木槽,名叫车弄。它由三条长长的木板,按照"U"形组合起来,长度要看农田到水面的距离,一般在五六米不等。车弄的上下两端,都安有一个大型的木头齿轮,其中上面的那个齿轮中间穿着一根粗长的木轴,这是驱动水车的主轴。两个齿轮上架着串联起来的提水组件,这个组件由斗板、鹤膝和筦子组成。斗板是一块长方形的薄木板，大小跟以前建造房子用的八五砖差不多。居中部位镂开一个长方形的孔，用来套在鹤膝上。鹤膝的外形跟古代的铲形币相仿，现在可以在中国农业银行的徽标中看到它的样貌，就是一个"U"形，下面还加了一个柄。鹤膝身上开有三个圆孔，中间一个用来插进筦子销牢斗板，两头两个用来跟其他鹤膝穿插，然后插上筦子完成连接。之所以把它叫作鹤膝，顾名思义，是因为全部连接完成以后套在两端的齿轮上能够灵活转动，跟仙鹤的膝盖相仿。其原理同自行车的链条差不多。车水的时候，依靠外来的动力，转动木轴，带动车链到河里，靠斗板把水刮到车弄的水槽里，然后提升到田里倒出来。这样，不停地运动，河里的水就源源不断被提到田里来了。

在我们苏南农村，驱动水车车水主要有这样三种形式：人力、牛力和风力。三种方式的车水原理都一样，只是传动方式有所不同。

人力，是靠人工脚踏来转动车轴提水，俗称踏水车。用脚踏的水车，它的车轴特别长，车轴两端安放有两块青石，车轴的轴头就搁在青石中间的凹槽里。在穿过齿轮的两边，轴身上装有很多车榔头。顾名思义，其样貌就是一个大型的木榔头。一组车榔头有四个，分两排，一左一右错位排列。车水的时候，脚踏在车榔头上，双脚交替使劲往下踩，车轴转动起来就带动了水车。一般一根车轴都是装四组车榔头，可供四个人并排着一起踏水车。车轴上方架有一根横的木杠，可供踏车人双手支撑。你不要看这踏水车好像并不复杂，其实，踏车的时候，每脚都要踩准车

踏水车

榔头，这也不是一件非常容易的事情。刚学习上去踏的时候，一不留神脚下就会踩空，于是，双脚悬空，整个身体就只有靠木杠支撑着。对于这样的洋相，老农民有个形象的说法，叫作"吊田鸡"。轴头跟青石摩擦时间长了，踩动车轴会发出"昂哩昂哩"的噪声，因此在我们的童谣里有"昂哩昂哩踏水车"的唱词。这样的情景，看起来好像还有点情趣，但实际上，长时间重复这样单调、乏味的体力活动，绝不是一件轻松浪漫的事情。

　　牛力，是靠牛来拉动水车，水车的结构就多了一个硕大的齿轮——车盘。车盘是一个外形像伞的圆盖，直径有四五米。车水的时候，先用粗的绳索把牛架在车盘的支架上，让它拉着车盘不停地转圈，然后通过齿轮传动，水车开始提水。在牛拉车盘转圈的时候，通常要给它戴上一副特殊的眼罩。这眼罩有个专用的名称，叫碗眼，是用一截

水乡风情

牛车水

粗的毛竹对半锯开，穿上细绳做成的。给牛戴上，意思不知是怕它长时间转圈头晕还是怕它拉水车的时候看野景分心而影响工作。

风力，就是通常所说的顺风车。它是借助风力，鼓动六面风帆，通过车轴和齿轮传动来带动水车提水。这样的风车，中外都有，外观也大同小异，可能只是所用材料有所不同罢了。

三种方式相比，风车借助自然风力，当然最为经济。不过它的制作成本比较高，要搭建很高的木架，六面风帆要用比较厚实牢固的帆布。还有，风车的运转要受风向、风力的影响，这是它的局限性。牛拉水车很可靠，只是必须喂养一头水牛，这代价不是一般的大，当然水牛还能干耕田、耙地等其他农活。而靠人力踏水车肯定是经济成本最低的方式，只是效率太低，人太辛苦。从上面提到的祝允明诗中那句"水车辛苦妇"可见一斑。不过，在小农经济时代，由于各方面条件的限制，农民除了这样的辛苦劳作，别无选择。我们的父母一辈都从事过这样的农作方式，其中的辛苦是局外人所无法体会的，正所谓"谁知盘中餐，粒粒皆辛苦"啊！

到了现代社会，科学进步了，经济发展了，这种原始的农业生产方式必然遭到淘汰。从60年代开始，国家大力发展农业生产，大兴农田水利建设，现代化的电力排灌系统逐步普及，农业生产的发展走上了快车道，我们的社会主义新农村呈现出了一派前所未有的崭新气象。

村桥

唯亭地处江南水乡，境内遍布河湖港汊，俗话说"遇水架桥"，所以在我们乡里桥特别多。据《元和唯亭志》记载，"近镇桥梁，不下百计"。近镇的桥就有这么多，广大的农村就更不用说了。

在唯亭农村，也有一些历史古桥，其中有的还独具特色。例如，清代《元和唯亭志》记载，在夷陵山南的横泾港上有座横泾桥。这是一座石梁桥，桥面由两条长的大石条架起，中间并列搁着好几块六七十厘米见方的块石。人从桥面中间走过，石块会发出"咯笃咯笃"的响声，因此人们称之为响桥。其实，估计是铺设的石块底下不平整，有的角上留下了一点空隙，所以人走上去会发出声音。同样在这附近地方，有条后港，港上有座古桥叫面店桥。此桥两岸是砌筑的石头桥墩，桥面则是搁放一块厚的木板，而且木板并不固定，一旦有满载的农船经过，如果高度超过了桥面，只要上去两个人把桥面抬起，就可以通过。这样的灵活桥，听起来很是有趣。

但在过去农村，"高大上"的石桥并不是很多，面广量大的还是比较简陋的小桥。特别是在一些偏僻的村庄和一些小的河道，有些桥的简陋程度可能会超乎你的想象。它们都不是用石头来建造的。有的是河道两岸打几个木桩，然后上面搁一块木板，就是一座桥。桥面的木板时间久了，日晒雨淋，有的已是破败不堪，走在桥面上，必须小心翼翼，一不当心，就有可能一脚踩在木窟窿里。还有的，连木材都不用，而是就地取材用毛竹。桥桩用的是毛竹，桥面就是并排的几根毛竹用铁丝捆扎在一起，人们美其名曰竹夹桥。走过这样的桥，桥面的毛竹会发出"咯吱咯吱"的声音，甚至有的桥搭得实在马虎，人走上去还会摇晃。走过这样的桥总是令人胆战心惊，所以人们给了它一个名称，叫心荡桥。最让人害怕的是，有的桥连扶手栏杆都没有，晃晃悠悠走在光溜溜的几根毛竹上，感觉就跟走平衡木差不多。以前，唯亭镇上有几位女教师，工作在偏远的农村小学，每天早出晚归，要跑很多路，非常辛苦。最痛苦的是每逢雨雪天气，过这样的小桥简直就是性命交关了。据说，有时候桥上结冰积雪，没有办法，只好蹲下身子，半跪半爬地挨过桥去。这种敬业精神真是可敬可佩，而这样艰难的遭遇真令人叹息啊！

好在国家改革开放以来，筑路造桥这样有关民生的事情，成为各级政府领导案头的重要工作，于是农村的面貌发生了翻天覆地的变化。现在，出门在外，举目所见，都是宽敞的道路、漂亮的桥梁，这是新时代的一道亮丽风景。庆幸我们生活在这样的新时代！

水鸟

阳澄湖是太湖平原上的第三大湖，其中出产的清水大闸蟹名闻天下。但是朋友们可能不知道，阳澄湖除了有丰富的水产，同时还是很多水鸟的重要迁徙栖息地。其中如野鸭就特别多。每年从9月份开始，各种不同种类的野鸭，如白眉鸭、绿翅鸭、斑嘴鸭等陆续飞来，整个冬季就生活在这里，直到明年春季天气回暖再离去北上。因此，每年这个季节是阳澄湖里水鸟特别多的时段。

除了野鸭，还有一种全身羽毛乌黑的水鸟，是阳澄湖里的常住"居民"。这种水鸟本地人称之为章鸡，名称是不是用这两个字，它的学名究竟是什么，都不得而知。但是生活在阳澄湖边的村民对它们非常熟悉，每当寒冬腊月，他们常常会去湖边拾章鸡。那是在寒潮到来的时候，阳澄湖封冻，晚上宿在水边的章鸡会被冻住双脚，动弹不得，村民们一早出去到湖滩边寻找，一旦发现，只要抓住章鸡，敲碎冰块，就可以"不劳而获"了。这也算得上是靠水吃水吧。除此之外，也有用中药山柰塞进谷蜢肚子里，放在草把上，引诱章鸡来吃了中毒去捕捉的，这叫作药章鸡。后来，农药广泛应用，也有心术不正的人会用剧毒农药拌了饵料，去毒杀章鸡，然后拿到街市上售卖。这种昧良心的恶行，弄不好会害人性命的，所以市民在买章鸡的时候，都会闻一闻有没有农药气味，用这方法来辨别，以防上当受骗。

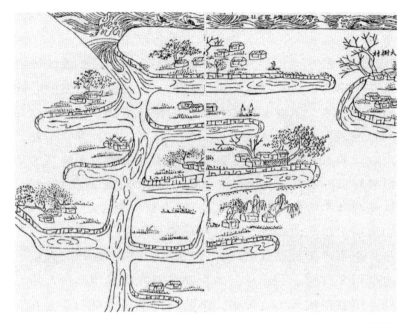

青邱墅眺

当然,阳澄湖的水鸟还远远不止这些,如一年四季,总有成群的白鹭在湖面上自由翱翔,捕食小鱼小虾。这一道美丽的风景,深受摄影爱好者的青睐。在水滨,我们常常可以看到很多摄影爱好者架起"长枪短炮",在静候时机,来捕捉最佳的飞鸟掠食镜头。这在摄影界还有个专用名词叫作"打鸟"。

说到打鸟,就不能不提到位于火车站西北的泾上村。泾上村是个范围很大的村庄,人民公社的时候,整个村就是一个泾上大队。这个村有打鸟的传统,他们可是真正的用枪打鸟。泾上人打鸟,在我们这里是出了名的。民国时期,全村有百余户人家靠外出打鸟为生。

他们打鸟的武器是火铳。这是结构比较简单的土枪。小型手持的火铳不过一米多长，主体就是一根铁枪管，绑在木制的枪杆上；后方有个手柄，用来握手，击发的扳机就在手柄前面，正好食指能够扣住。因为火铳击发的时候后坐力不大，所以不用步枪那样的枪托来抵住肩膀。打鸟的时候，只要左手托住枪杆，右手握紧手柄，寻机击发。火铳用的火药是用硝石、硫黄和木炭自制的，子弹用的是像菜籽似的铁珠，因此火铳实际上是霰弹枪。一枪打出去，铁珠散开的直径有二十厘米左右，有效射程在三十米上下。因为射击距离比较近，所以打鸟的时候总是看见枪手弓着腰，蹑手蹑脚地接近目标，以防惊动飞鸟。这样的火铳主要是用来打树上的小鸟。如果要打阳澄湖里体形较大的水鸟，那就得用大的排铳了。排铳长三米多，重约三十五千克，射击距离可达六十米。这样大的火铳就不是手持了，而是架在专用的小船上。这种船叫排船，长四米多，宽不过五六十厘米，狭长狭长的，样子跟织机上的梭子差不多。排铳架在船头，打鸟人俯卧在后，悄悄划动小船，接近目标，出其不意突然发枪。排铳火力强，霰弹辐射直径大，面对集群的水鸟，往往一枪可以同时击中好几只。

泾上人因为打鸟这个职业，所以同时又延伸出两项跟它相关的技艺。一是自制治疗烧伤、烫伤的特效药。因为平时自制火药，一不小心，很容易发生烧伤事故，所以这特效药是必不可少的。据说，泾上人研制的烧伤、烫伤药治疗效果非常不错，在我们当地很有名气。还有一个是烧燠鸟。他们出去打到的鸟，一般是拿到集市上出售。如果打得多了，一时来不及处理，就自己烧熟了然后再拿出去卖。他们在实践中，不断摸索，积累经验，形成了自己的秘制配料，把野鸟烧成燠味的卤菜。那种独特的香味，完全不输苏州城里老字号的卤菜店，所以深受居民食客的欢迎，在市场上，常常供不应求。有时如果想拿这土特产作为礼品赠送客人，还必须要预先订购。

话说回来，上面讲的这些又是过去的故事了。近些年来，随着政府对环保工作的重视，人们环保意识不断加强，打鸟这种破坏生态环境的事情被绝对禁止了。因此，泾上人打鸟也早已经成为历史。

文化生活

小学教育

唯亭办小学的历史比较早,时间要上溯到清朝光绪三十二年(1906)。当时,镇上办起了第一所小学,校名为唯亭初等小学堂,地址在东街的延福寺里。这就是后来唯亭中心小学的前身。之后,学校的名称多次变更,规模也时有变化,有段时间还在西街办过仁寿分校。1931年8月,唯亭乡建立了中心辅导区,镇上的小学就被称为唯亭中心小学。1938年,校舍遭到战争破坏,原址无法上课,有地方人士集资,在西街的陆家场,借用潘宅的房舍,办了一所比较简易的唯亭正毅小学校。到1940年秋,学校又搬迁到中街的徐宅,改名为唯亭简易小学。过了一年,局势稍见平稳,于是在延福寺内翻建了四间教室,学校这才迁回原址。抗战胜利后,学校更名为吴县唯亭乡中心国民学校,规模也有所扩大。

中华人民共和国成立以后,随着国家经济建设的发展,学校教育恢复正常,规模逐步扩大。到1953年,学校小学部变成双轨制,六个年级十二个班,每个年级两个班,分别编为甲班和乙班(后来改为1班和2班);另外附设幼儿园有两个班。此后一个很长的阶段,就一直稳定在这个规模。

唯亭小学不仅办学历史长,而且有这样两件光荣的事情值得我们骄傲。一是"九一八事变"发生后,唯亭中心小学师生开展募捐活动,筹款支援东北义勇军;接着又发起募购"吴县儿童号"轰炸机，为国家防空做贡献的活动，当时的《苏州明报》做了报道，影响很大。二是学校曾经出过一位叫沈蔚（原名朱锡范）的优秀学生。他于1921年入校读书，是品学兼优的好学生。小学毕业即挑起家庭生活重担，辗转到上海当学徒，在这里走上了革命道路。后来奔赴延安，进抗大学习，毕业后被挑选当八路军的战地记者，不久担任了新华社冀中分社副社长和《冀中导报》社记者科科长。在此期间，撰写了大量来自抗战前线的报道。同时，还为我党培养了很多优秀的新闻工作者。1942年在随军去晋察冀边区的途中，不料突遭日寇包围，不幸壮烈牺牲，成为抗日烈士。

我于1958年上学读一年级。学校在镇东，街上一条大弄堂（山门弄）进去，正对学校大门。在西面还有一条

1928年唯亭小学改组完小的记载

狭窄的小弄堂（寺弄），也能通到学校。校园面积不大，除西、北、东三面的围墙外，还有一条小河浜环绕。走进校门，左首是老师宿舍和一间厨房，转向西侧是幼儿园和老师办公室。右首有两间低年级教室。北面是一片泥地操场，一到下雨，就会积水，泥泞不堪。操场南端是司令台，背后竖一根木旗杆。

沈蔚

操场西侧有几间教室，通常做中年级的课堂。北面东西向一排是高年级教室。在西侧教室的前面，有一块不大的空地，长着两棵高大的梧桐树，粗壮的树干上端横绑着一根木杠，木杠上有三只铁圈，用来固定竖立在地上的三根粗毛竹，这里是给学生进行"爬竹竿"活动的地方。南面有一个沙坑。

小学六年学习生活中，当年的很多老师给我留下了深刻的印象。

教一年级的朱影文老师，身材娇小，眉清目秀，平时对学生比较严格。朱老师的汉语拼音教得极好，她的教学给我打下了很好的基础。二年级先后有邹荷英、周美英两位老师任教。教三年级的是周仁寿老先生，他个子不高，皮肤黝黑，满腮浓密的胡茬，大家背后都称他"阿胡子"。他平时神情很严肃，看人的时候，眼光总是从眼镜框上面射来,学生都有点怕他。教四年级的是郁祖琴老师,她中等身材,皮肤白皙,戴一副秀郎架眼镜,文质彬彬的,看上去很秀气。她当时还担任学校的副教导主任,因此我们叫她"郁教导"。郁教导平时不苟言笑,在教学上要求非常严格。可惜的是,这样一位优秀的教育工作者,在"文化大革命"中,含冤而死,年仅三十六岁,令人扼腕。

到了高年级,语文、算术分别由两位老师任教,我们的班主任王一民老师教语文。他生性诙谐,说话幽默,语文课上常有妙语,因此我们感觉课堂很有趣味。例如有一次,他要批评一位同学,就用那位同学的绰号大做文章,引得大家哄堂大笑。有一次,我写的一篇作文得到他的赞扬,他在班上公开点评,告诉大家这篇文章好在哪里。实际上,我在读小学的时候,语文学得很一般,特别是最怕写作文。那一次也算是偶然,其实我自己并不知道这篇作文有什么好,听了他的点评,倒真是懂得了一些写作文的道理。当时隔壁1班教语文的是韩鸣学老师,知道他的教学水平很高,但我在2班,没有机会听他上课,所以感到很遗憾。后来他调到中学,任教高中语文,还当教研组长,是我的业务领导。算术是沈俊章老师教的。他是学校里赫赫有名的"凶"老师,这个"凶",无论是形象特征还是精神气质,可以说从外到里,处处都给人这样的印象。不过话说回来,"凶"老师教的算术那可是顶呱呱的。他有一项绝招,那就是"突然袭击"。他常常是上课刚一踏进课堂,一声不吭,就从口袋里掏出巴掌大的白纸发下来,默公式,做口算,几分钟时间,做完就收。这样的"偷袭",常常令我们脊背上冒汗。因为如果一旦做得糟糕的话,你就会被罚得痛不欲生。还好,我平时算术学得还可以,所以没有尝到过处罚的滋味。沈老师除了教算术,还教过我们地理、唱歌和体育。

其他还有几位任课老师,如朱大震老师,瘦高个子,教算术,另外也教唱歌和体育。他风琴弹得非常出色,远近闻名。每天放学以后,总能听见他在办公室弹琴,悠扬的琴声在校园里回荡,也是当时学校的一景。钱伯华老师,是一位多才多艺的老师,据说跳国标水平一流,可惜我没见过。他的专业是语文,但只教过我自然,课上经常会讲故事,绘声绘色,很受学生欢迎。李伟志老师,面容清瘦,戴一副白边近视眼镜。他教我们画图,这是我很感兴趣的一门课程,在李老师那里确实也学到了一些简单的绘画技巧。李老师还写得一手柳体毛笔字,学校里凡是有宣传活动写标语,都是他的手迹。

除了任课老师,当时学校里还有几位青年教师,如曹振荣、赵克昌等,我尽管没有上过他们的课,但是知道他们都很有才艺,平时课后打篮球、比乒乓、弹琴、唱歌,非常活跃,因此我印象很深。另外还有好几位女教师,没教过我的课,平时没有接触,对她们了解不多。另外,听比我年长的校友介绍,先前有位教体育的蔡金龙老师,篮球打得非常漂亮,可在我读书的时候已经调走了,因此我并不认识。

这里附带说说幼儿园。尽管我没上过,但幼儿园的两位老师是认识的。一位叫陈振亚,是周仁寿老师的夫人;一位叫苏成媛,是王一民老师的夫人。她们两位都是资深的幼教工作者,是唯亭镇上家长和孩子都非常熟悉的老教师。每天放学，两位老师都会把孩子们带领着送回家去。是时，孩子们个个胸襟上别着手绢，排着队，唱着歌，悠悠行走在唯亭的街道上，两位老师则一前一后护卫着他们，这些天真可爱的孩子常常会引起镇上人们热情的关注。这样温情的风景，现在已经看不到了。

说了老师，再说校长。我刚入学的时候，校长是陈捷，身材挺拔，神情威严。过了一段时间，陈校长调出，由副校长王琴娥负责学校工作。王校长身材娇小，可是听她讲话作报告却头头是道，感觉她水平很高。过了一段时间，她调出，接着调来当校长的是陆晋之。陆校长身材高大，衣着朴素，形象有点像农村干部。听老师介绍说，陆校长在1956年到过北京参加会议，我们不由得肃然起敬。陆校长还兼课，教我们毕业班珠算，他不凶，所以上课纪律不好，课堂里很嘈杂。

据《唯亭镇志》记载，1949年后，唯亭中心小学校长调动很频繁，在1958年我入学之前，该校先后有过七位校长，其中邹述之、石家鼎、张雪珍的名字我后来听同事们说起过，而且知道石校长是资深教育工作者，在吴县很有名气。

在小学阶段，尽管我年纪还小，但是有些经历过的事情印象还是很深的。

一件是支援炼钢铁的劳动。当时全国开展"大跃进"运动，各地都办小高炉大炼钢铁。各行各业都要大力支援，学校也不例外。我们小学生能做什么呢？老师让我们上学的时候人人都要带好榔头，去参加劳动。我们做过两件事情，一是把大的铁矿石敲碎成小块，以便送进高炉冶炼；

二是敲缸爿，就是把破陶瓷缸的碎片敲成砂砾，大概是作为高炉冶炼时候添加的辅料吧。这两件事情都不容易做。铁矿石坚硬无比，要敲碎它很不容易。我那时年幼力气小，有时候榔头砸下去，震得虎口发痛。敲缸爿倒不用费太大力气，但问题是破缸爿要自己去找，那是很麻烦的。有时候为了完成任务，我不得已，约好了几个同学，就到附近农民菜地上储存粪水的破粪坑上去砸一块，拿来敲缸砂。现在想想还真是幼稚可笑！

还有一件是参加红领巾合唱团。这是四年级的时候，学校要组建成立红领巾合唱团，我也报名通过了考试，成为其中的一员。合唱团的活动主要由朱大震、沈俊章和钱伯华三位老师负责。朱、沈两位老师负责教歌，排练的时候弹风琴伴奏。他们的音乐素养很高，经常会在收音机里收听新的广播歌曲，然后记谱教给我们。有时候，刚放完一部电影，其中优美动听的电影插曲马上就会成为我们唱歌课上的教材。例如，放映了电影《红色娘子军》，一首《娘子军连歌》立即就在学生中流行开来，一时间，校园里到处是"向前进，向前进，战士的责任重，妇女的冤仇深"的歌声。钱老师则是担任策划和导演的角色，记得每排一台节目，所有的主持串联词就都是他写的。所以，当时对他的才华非常佩服。参加合唱团之后，经常要排练，主要是练习合唱，特别是二部合唱是很需要花工夫的，但练出来的效果确实很不错。我们练成之后，经常被派到乡镇的大会上去演唱。记得1962年，公社在大会堂召开干部大会，同时欢送唯亭青年应征入伍，安排红领巾合唱团参加演出。"红领巾们"演唱的《戴花要戴大红花》《十送红军》《打靶归来》等歌曲，受到了热烈的欢迎。我们合唱团里有位叫严长华的女生，嗓音清亮圆润，老师说她的音色酷似才旦卓玛，所以《唱支山歌给党听》一直是她的保留曲目，每次演出必唱，深受大家赞赏。我们在演出中，每当听到热烈的掌声，看到观众情绪高昂，心里感到特别高兴。

经过六年学习，我于1964年小学毕业，告别母校，进入初中读书。

直到70年代我当了民办教师，才重新回到唯亭中心小学。其间因"文化大革命"，学校的变化很大。1968年，学校改名为五七小学，由工人、农民组成的宣传队进驻学校，参与领导教育。1969年，学校体制下放，小学都要由大队来办，于是分出四个班级给方厦大队办，校址就在镇西街，叫红卫小学。还剩八个班级，留在原址，学校改名为中心大队五七小学。过了一段时间，分出去的小学撤销，重新回归中心小学，学校又恢复到原有的规模。我从

1991年唯亭中心小学庆祝元旦活动

1972年开始当民办教师，在这里工作了五年多时间，其间除了教书，还接受领导的安排，做一些其他方面的工作。做得比较多的，是参与组织学生排练文艺节目。我们几位老师编排的《红小兵织毯》和《喜为丰收忙》两个歌舞节目，经选拔，出线参加县中小学校文艺汇演，都获得了很高的评价和奖励。另外，有时还会带"红小兵"宣传队下乡，到田间地头去为农民们表演一些自编的小节目，做一些配合政治形势的宣传。孩子们天真活泼，表演生动有趣，很受农民们欢迎。记得其中莫家宏、张小弟等同学表演的小快板、对口词、三句半等节目，常常受到大家的夸奖。

1978年，国家恢复全国高考，我考上了师范去读书，从此离开了小学。毕业后，分配到中学教书，对小学的情况就了解不多了。

初中教育

唯亭办中学的历史不长，原来没有中学的时候，极少数家庭条件比较好的孩子小学毕业以后，到位于苏州东北街的有原中学（1953年改名为苏州市第六中学）读书。因为这所学校就在娄门附近，唯亭有航船到娄门，比较方便。

1951年，唯亭区政府为了满足社会青年求学的愿望，在关帝庙里办了两个初中补习班。后因缺乏师资，办了两年就撤销了。直到1956年，吴县的教育事业开始加快发展，经县政府批准，唯亭也创办了初级中学。

学校地址在中街，门面朝南，正对大街。走进两扇用柏油漆过的校门，左首是传达室。传达室值守的有两位员工：杨昆生和孙志友。他们并不是专职门卫，在学校还担任其他工作。杨师傅是本地人，他在总务处负责水、电以及其他一些杂项的维修。孙师傅原籍苏北，是解放战争随军南下的支前民工，所以还是"老革命"。他白天主要工作在食堂。

过了传达室，面前是一片煤渣篮球场，这也就是学校的操场，东侧靠墙是司令台。操场南面有一间大房子，里面放着双杠和跳箱等体育器材；西隔壁是食堂的厨房，厨房前面有一口水井。操场西南是沙坑，安装着一副以柏木为立柱的单杠。男生宿舍在操场西侧，是一个大通间。操场北侧是老师的办公室和一排教学辅房。任课老师办公都在一间类似厅堂的大房子里。办公室前是落地长窗，西南窗外有一棵很大的桂花树。办公室东是校长室和总务处；东隔壁有一间大教室，功能不定，做过图书室，也做过乒乓球室。

出办公室后门，北面的一排平房就是我们的教室，从东往西，依次是初一、初二、初三三个年级。教室前面有走廊。教室北窗外，长着一排高高的杨树，旁边有一个很大的鱼池，是孟家里村的。池塘北面是农田，远处可以看见公路和铁路。上课无聊的时候，透过窗户远远眺望，田野风景很是不错。

学校没有专门的理化生实验室，只是有一间仪器室，有一些常用仪器，平时上课一般都是到教室里做点演示实验。其中生物器材还比较多，低柜里有很多显微镜，玻璃橱里陈列着不少动物标本，墙角竖立着一个彩色的人体石膏像，一半可以打开显示出人体内部器官的位置和形状。我们教室向东，经过学校后门口，在操场东北方的一角是教工宿舍；南面有个小小的植物园，参差排布着几棵或大或小的杂树。植物园的南面是女生宿舍。学校后门外有一个荒废的池塘，里面杂七杂八地布满了各种野生植物。这样的校园，现在看起来，真是寒酸！

从前唯亭初中的规模确实很小。开办之初，设两个初一班，招收一百二十名学生。以后逐步发展，形成双轨制，三个年级共有六个班级。不过到60年代初，规模却缩成了单轨，每个年级只有一个班级，每班六十人左右。招生的范围还包括唯亭、跨塘、胜浦等几个乡镇，其中唯亭的学生占绝大多数。所以，那时小学毕业能考上初中也不是

唯亭初中老校门

一件很容易的事情。每年暑假,小学毕业生都要到中学门口去等发榜,看自己考取了没有。这样的情景、这样的心情,跟现在高考过后的高中毕业生也差不了多少。

我于1964年秋季入校,班主任王文渊老师,是一位严肃认真的老师。他教语文,我见过他的备课笔记,钢笔字写得非常细小,排得密密麻麻的,一丝不苟。

代数任课老师谢善奋,兼任我们的副班主任。他是苏州人,不过讲话的时候时不时会冒出一点上海腔来,不知是为什么。他的个性非常活泼,跟我们学生基本上是打成一片的。他上课的时候精力充沛,声音响亮,代数教得非常不错。那时刚刚经历过三年灾害,国家号召要"大办农业",我们也开了相关的课程——农业基础知识,由谢老师兼任。我比较喜欢这门课,所以学得也认真一点,其中有农村会计的内容,介绍了一些做账的基本知识,例如总账、分类账、现金日记账等。后来我种田的时候,曾一度被聘为小队会计,这些知识还真是派了大用场。

外语我们学的是英语,之前都是学俄语,所以我们是唯亭初中第一届学英语的学生。教英语的是薛进老师。据说他本是南京一所大学里的教师,下放到农村来教书。他原来是俄语专业的,但由于外语功底极好,因此,改教英语对他来说也并没有什么困难。我因收发数学作业每天去办公室,常常看见他开着半导体收音机在听英语广播。我后来当民办教师,参加过英语培训,听了江苏师院英语老师的讲课,发现薛老师的英语发音确实是非常纯正的伦敦音,跟江苏师院教授的读音并无二致,可见他的英语水平也十分了得。后来"文革"结束,拨乱反正,他得到平反,重新调回南京,当大学老师,被评为副教授。在我心目中,薛老师确实是一位造诣很深的外语老师。所以,我在初中所学的有限课程中,印象最深的就是英语。我到现在还记得他教英语课文《半夜鸡叫》的情景,他领读周扒皮催促长工起身的一句话:"You are lazybones!"(你们这些懒骨头),那时的神态,还历历在目。后来,离开了学校,我把用过的教材统统送进了收购站,唯独保留了四册英语课本,有空时候还要拿出来翻翻。后来"破四旧"风暴掀起,我迫不得已,只好把这几本英语书给烧了,真是可惜。

进了初中，生物是一门新课程，初一学植物学，初二学动物学。任课老师是一位身材瘦小的老先生。他上课并不生动，面部也没什么表情，加上又是外地口音，所以感觉很乏味。

教体育的是包永泉老师。他是沙洲（今张家港）人，四方面孔，长得是虎背熊腰。听说包老师原来是江苏体工大队的举重运动员，后来因运动受伤退役当了体育老师。尽管包老师的专业是举重，但是其他项目也都很在行。在给我们上体育课的时候，一些体操项目如单杠、双杠等的教学示范动作他都做得非常漂亮。他篮球也打得好；另外，课余还带学校的乒乓校队进行训练，水平很高。可见他确实是一位一专多能的体育老师。

教唱歌的是俞觉先老师。他的专业是中文，语文课上得特别好，一直教初三。我只读到初二，所以无缘上他的语文课，可是他讲课的风采我还是有幸领略的。当时学校组织学生参加兴趣小组活动，我分在语文组，活动的内容就是听俞老师开讲长篇小说《山村复仇记》。小说的故事情节本来就曲折生动，加上俞老师一口抑扬顿挫的无锡普通话绘声绘色地讲述，没有一个同学不被他深深吸引的。俞老师当时还是学校的教导主任，他神情严肃，不苟言笑，我们学生没有一个不怕他的。后来，他调到木渎中学当副校长，之后又调回无锡老家，任电大校长，直至退休。

到了初二，开始学物理，任课老师是汤志新。他是上海奉贤人，看起来很精干，戴一副透明边框的眼镜，整天笑眯眯的，感觉和蔼可亲。

此外还有两位没教过我课的老师。一位是唐剑南老师，他教初三的几何，我没有机会学他的课，但是对他的印象很深刻：他是泰州人，书教得好，下象棋水平也堪称一流。他来到唯亭初中之后，镇上的象棋高手边协泰先生经常到学校来跟他对弈切磋，可见实力不俗，真是令人刮目相看。后来他调往吴县中学。我于1980年秋季到吴县中学实习，他在当教导主任。过了几年，浒墅关新办了一所浒关中学，他被调去担任校长。还有一位是鹿耿理老师。她是我读初二的时候调来的，任教我们下一届的语文。鹿老师是上海人，气质高雅，性格活泼，脾气直爽，为人热情、大方，同事、学生都很喜欢她。她家在上海，跟家人两地分居，每周六坐火车回上海，周一返校，很是辛苦。直到80年代落实政策，才有机会调回了上海。

除了各位老师，也说说校长。我读初一的时候，校长是于炳中，操一口浓重的山东口音，一听就像是"老革命"。初二的时候，于校长调出，接替他的是一位女领导，叫贾碧薇。她个子不高，教我们政治，平时讲话听起来感觉她是一个觉悟很高的女干部。

进入初中，开始新的校园生活，明显感觉变化很大。课程增加了几门，但是学习并不紧张，主要还是活动多了，包括课内和课外，甚至还有校外的社会活动。

课内活动主要是配合形势，学习政治。那个时期，各行各业都要突出政治，因此各种专题学习活动基本是不间断地进行。

有一个阶段，全国开展学习南京路上好八连的活动。学习好八连的事迹材料，学习他们的革命精神。好八连驻守在上海南京路，"拒腐蚀，永不沾"，保持朴素本色，发扬艰苦奋斗的光荣传统，战士们提出"新三年，旧三年，缝缝补补又三年"的口号。我们学习好八连的精神，老师就安排我们在劳动课上，学习缝补衣服。从穿针引线开始，先是学习钉纽扣，再是补袜子，这样循序渐进，通过老师的指导帮助，同学们都掌握了一些基本的缝补技能，这对以后的独立生活可说是得益匪浅。

后来，又掀起了学习董加耕的活动。董加耕是苏北的一名农村知识青年，高中毕业后放弃考大学，回乡参加农业劳动，用学到的知识建设社会主义新农村，立即成为全国的先进典型。"一颗红心，两手准备"，"到农村去，到边疆去，到祖国最需要的地方去"，成为当时中学生喊得最响亮的口号。

对于我们学生来说，更感兴趣的还是丰富多彩的课余生活。

学校开放借阅图书，图书室里长篇小说很多，同学们经常交流阅读心得，互相推荐好看的书籍。我借的第一部长篇小说是《红岩》，书中地下斗争的惊险，革命志士的坚强，特别是许云峰、江姐、成岗、华子良等光辉形象都深深印入了心中。学校还组建各类兴趣小组，同学们根据自己的意愿报名参加，由老师组织指导开展活动。

平时，同学之间还经常会自发开展各种业余活动，大家根据自己的兴趣爱好投入进去。尽管我们是初中生，年纪不大，但是有些同学有不错的才艺。例如，在我们上一届的同学中，一位周同学二胡拉得动听，一位赵同学笛子吹得出色，我们经常有机会欣赏他们的表演。我们自己班级有个来自胜浦的杨同学，也擅长演奏，大家都很羡慕。

于是，很多同学都纷纷向他们学习请教，操弄起了乐器。我也曾花两角钱，托人到苏州买了一支竹笛，学了起来。当然，这只是一时兴起，后来并没有学出什么成果来。

有一个阶段，全校流行自己动手安装矿石收音机，很多同学都参与其中。于是，我们自己买零件，绕线圈，连接装配。装好之后，在自己家里竖起高高的竹竿，架天线，插地线，忙得不亦乐乎。等到一切就绪，耳机里能收听到广播的声音，那兴奋的劲头没法形容。有了初步的尝试，就逐步深入，从矿石收音机到电子管收音机，不断学习，不断尝试。有时候，为了购买零件，要好的同学还会结伴，步行三个小时去苏州采购。当时玩无线电水平最高的，是我们上一届的马同学，他安装的电子管收音机能用喇叭放音，大家都对他非常钦佩。在这样的活动中，很多同学打下了电子基础，有几位后来下农村，进工厂，都当了电工，有的甚至还是技术水平很高的师傅呢！

走出学校，主要是参加一些相关的社会活动，其中更多的是劳动。

记得刚读初一的时候，全国轰轰烈烈开展的学雷锋活动方兴未艾。同学们通过学习雷锋，提高了思想觉悟，都积极投身到社会上去做好事。那年冬天，公社召开贫下中农代表大会，我们就自主结合，分组去到代表的住地为他们服务，做好事。还有，在平时上劳动课时，学校也经常组织我们自带工具，利用一个下午的时间，到镇上去打扫街道，搞清洁卫生。对于这样的劳动，同学们都是热情高涨，常常是干得满头大汗，听到居民们的赞扬，大家都特别高兴。

当时中央提出"大办农业，大办粮食"的方针，各行各业都要支援农业生产。我们乡镇的中学，劳动课少不了会安排去附近的生产队参加农业劳动。每到收获季节，拾麦穗、拾稻穗就是我们劳动的常规内容。劳动中还要开展比赛，看谁拾得多，表现突出的同学会得到表扬。最有趣的是参加撒河泥的劳动。每年夏初，小麦收完准备种水稻，等田地翻耕好，农民就会把沤好的河泥一担一担挑到田垄上，做水稻的基肥。这时候，先要把这成堆的河泥撒开来，把它们均匀分布在地里。这活不需要什么技术，对我们这些初中学生来说正好合适。同学们平时一直安安静静坐在课堂里听课，现在能放开手脚，跟泥土来个亲密接触，人人都很兴奋。所以，当大家双手分开黏结的河泥，使劲抛撒出去的时候，个个都是情绪高涨。尽管河泥是脏的，味道是臭的，但是大家没有一个嫌脏怕臭，反而都是乐呵呵的。劳动带来的精神愉悦，根本无法用语言来形容。

有时候，公社里还会安排中学生参加一些突击性的活动。记得有一年初夏，本地小麦发生严重的虫害，公社发出号召，紧急动员，我们就停了课，自己带上中饭，到离镇很远的浦田大队去帮助他们捉虫。类似的活动不止开展了一次，记得还去过同样很远的束桥大队，沿公路往西要走半个多小时。

唯亭初中教育，是我接受基础教育的最后一个阶段。后来我连初二的课都没有读完，就结束了学业，可是，这短短的两年时间却给我留下了难忘的记忆。

医家诊所

唯亭是个大镇，过去悬壶开业的私人诊所很多，其中主要是中医。据统计，在民国时期，全镇共有中医五十四人，涵盖内科、外科、伤科、儿科、眼科、喉科、痘科、痔科及针灸等各个门类。到中华人民共和国成立前夕，唯亭共有私人诊所三十多家，包括医务人员六十五名，其中中医五十四人，西医十一人。

唯亭的医家诊所有个很特殊的现象，就是相对集中开设在市容较为冷清的下塘河南街。这是由于过去出行主要靠船，而下塘有长长的河岸，于是很多医家就斥资购置条石，在自家门前修筑了石驳岸和河埠头，方便农村送患者前来就医的船只停泊。因此，下塘街中间一段曾经是唯亭的诊所一条街。中华人民共和国成立前后那段时间，下塘个体开业的医家从木桥浜开始数起，有中医内科唐受岐，中医外科钱子良，西医田心一、俞绍安夫妻，妇产科医生顾锦英，针灸医师朱明发和郑晋之、郑镇元父子，中医外科王伯萱，中医内科郑健初，中医外科刘晓平等。短短一段街道，居然聚集了这么多的医疗诊所，这在一般市镇是很少见的。

上述这些医家，专业不同，各有特色。例如同是中医外科，钱子良治疗疮疖的膏药，刘晓平的手术本领十分了得。有的医师术业有专攻，身怀一技之长，如朱明发，擅长针灸，下针有其独到功夫，腿脚酸麻、腰酸背痛、颈肩不适，经他银针一扎，往往会有很好的疗效。他后来加入胜浦联合诊所，在当地有一定的知名度。记得70年代，他下放回原籍中心大队劳动。有一天我带学生去支农，正好碰到跟他在一起。休息的时候，我请教他喉咙嘶哑发音不爽是什么问题，该怎么治疗。他回答道，这个毛病要看具体情况，医书上说："金实不鸣，金虚不鸣。"古代称锣为"金"，锣铸得厚（实）了，就敲不响；反过来，如果锣破（虚）了，同样也敲不响了。喉咙嘶哑也是这个道理，要辨证施治。听他这样一解释，顿时豁然开朗。真个是"听君一席话，胜读十年书"，这样简明扼要的道理不能不让人信服。

这里有两个家族诊所值得一说。一家是田心一、俞绍安夫妻诊所。田心一的经历比较丰富，他于1931年进入上海同仁医院高级护士职业学校学习，毕业后，辗转上海、苏州、无锡等地，任护士、护士长、校医。抗战期间，先后在上海、重庆从事医疗救护工作。抗战胜利后，到安徽蚌埠市公立医院从医。1948年回到唯亭，同妻子俞绍安开设诊所行医。俞绍安是接产医生，同时妇科医生顾锦英也加入了他家诊所。1951年，田心一又回到蚌埠工作。之后，俞绍安到苏州平江街道医院工作，顾锦英到唯亭联合诊所妇产科工作。另一家是郑晋之、郑镇元父子诊所。郑晋之是中医内科医生。郑镇元年轻时到上海学医，是五官科医生。郑镇元医生为人热心，社会活动组织能力极强。1955年，他响应政府号召，联合多位医生，发起组成了唯亭联合诊所，地点就设在他家宅内，他任诊所负责人。

下塘的医师中，我最熟悉的是郑健初先生。因为我小时候凡有身体不适，总是由父亲背着到他家求医。郑先生个头不高，常穿一身中装，显得很是精干；古铜脸色，神情专注，不苟言笑。问诊时，郑先生说话轻声细语，让人感觉特别亲切。后来逐渐年长，我对郑先生的医疗背景有了更多的了解。他出生在医生家庭，其父郑仰田是中医内科医生。郑健初成年后，拜上海名医余伯陶为师学医，学成回家开设私人诊所。开业后，前来问诊的患者极多，可说是门庭若市，河埠头常常停满了各地来求医的船只。他每天上午在家门诊，下午下乡出诊，路近的步行，路远的则有船接送。每到一处，附近的村民得到消息都会前来求医问药。长此以往，郑先生对唯亭、胜浦、斜塘一带的情况都非常熟悉，对曾经诊治过的患者每家每户都了如指掌。1955年，郑先生加入唯亭联合诊所，后来就一直在唯亭医院中医内科坐诊，直至八十岁高龄退休。令人欣慰的是，郑老先生的长子、次子及两个儿媳和大女儿、大女婿六人都是从医的。尤其是长子郑延德，就读上海医科大学，后在苏州传染病医院工作，医术高明，曾任苏州市第五人民医院院长、学委会主任、主任医师，获评苏州市优秀共产党员，江苏省劳动模范。郑健初先生家族三代行医，堪称医疗世家，在唯亭镇上家喻户晓，享有很高的声望。

同样的医疗世家，上塘也有两家。

一家是顾允士医师家。顾先生毕业于上海中医药大学，是很有名望的中医师。1959年，吴县卫生局等机构征集民间中医药方，顾允士受聘参与筛选方子，同时他自己也献出了家传的单方。此外顾先生还写得一手漂亮的毛笔字，他的魏碑体大字可以给店家写招牌，这在唯亭镇上是很有

旧报上顾允士医师的送诊启事

名气的。顾先生的夫人陈德珍是产科医生，身材高大，面容慈祥，对人态度和善。我们那一带，孩子出世都是她接生的，无论白天晚上，随叫随到，大家都很尊敬地称她顾师母。顾家的三个儿子、一个女儿都是从医的。其中长子顾维璜、次子顾维琛都担任过乡镇卫生院的领导工作。顾先生的大女儿于1958年响应国家号召参军入伍，成为一名女军医，这在当时是一件影响很大的事情。

另一家是唐贵如医师家。唐贵如是著名的痔瘘专科医师，治疗痔疮有自制的特效药——枯痔散。1949年后，其子唐国权继承家业，并且治疗手段又有创新，他改良了祖传的枯痔散、枯痔液，辅以压缩、结扎手术，治疗效果更加显著。除此之外，唐国权医师还扩展诊疗项目，增设了牙科。其后，女儿唐琴丹接班，成为唯亭卫生院的牙科医生。

另外，在上塘开业的医家中，眼科江一清，中医内科金逢生，西医潘子安，伤骨科卫天德、沈少鸿等,在本地区都有一定的知名度。

1955年,唯亭的个体开业医生郑镇元、郑健初、潘子安、顾允士、陈良、顾锦英、陈民权等自愿结合,开办了唯亭联合诊所。开始阶段,诊所就设在郑镇元医生家里,当时条件比较简陋。到1958年,规模得到了发展,于是搬迁到上塘东街的寺弄旁边,正式改名为唯亭人民公社医院。

铁路交通

唯亭位于沪苏之间,历来水陆交通比较发达,在清朝末期就有火车。

1906年,沪宁铁路的上海到苏州段建成通车,唯亭是个大镇,理所当然就设了火车站。火车站在金埂岸的尽头。站房是西式平房建筑,蓝灰清水墙,红洋瓦屋顶,大三间格局。中间一间是候车室,里面靠墙摆放着礼拜凳,供旅客候车休息。两边两间一边是售票处,一边是办公室。站台是露天的,没有遮阳雨棚。东西两侧各竖立一块指示牌,东面的那块写着"唯亭—正仪",西面那块是"唯亭—外跨塘"。正对车站斜对面,跨过铁轨,砌有一个不大的水泥方台,中间竖着一根杆子,这是供火车通过时交换信息用的。每当有火车来到,站房办公室里会走出一位

旧报上关于唯亭火车站站房的记载

员工，一手攥着一红一绿两面小旗，一手提着一盏信号灯。等到火车经过，他就站在站台旁边，挥动绿色旗子，表示准许通过。如果停的是客车，等到旅客上完，车门关好，他就要吹几遍哨子，同时举起绿色信号灯，向车头方向晃几晃，示意司机可以起动发车。

唯亭是小站，客车只有慢车停靠，一天三班，早班车的停靠时间是上午9点不到，晚班是下午5点多钟，另外午后2点多有一班车。早晚两班车往西只到常州，是站站停的慢车；午后一班开到南京，速度稍微快一点，有些小站不停靠。纵然如此，对于唯亭百姓来说，已经是够方便的了。如果上苏州，早班去，晚班回，基本可以在苏州待一天，能办很多事情。去上海也可以，差不多三个小时的车程，坐早班车，到上海可以赶上吃中饭。因此从前唯亭有很多"跑单帮"的人是火车的常客，他们大清早在唯亭收购新鲜的水产品，乘早班车到上海卖掉，然后再去采购一些日用品带回唯亭，这样一天来回，往返都有利润，所以是一项不错的生计。唯亭的中小学校有很多上海籍的老师，他们家在上海，因此每个周末都坐晚班车回上海跟家人团聚，到星期一再乘早班车到学校上班，比较方便。我在唯亭中学工作的时候，学校有位教英语的王老师，他是钓鱼高手，常常在回上海之前，钓了很多鱼，到周末就带回上海去，让家人能品尝到唯亭的鲜鱼，用现在的流行语来说，真是有点"小确幸"。这样方便的交通，着实让很多没有这条件的乡镇教师感到"眼热"。从前，唯亭是吴县最东面的乡镇，所以凡是原籍在上海的老师都会想方设法要求调到唯亭来工作。而教育局从人性化的角度出发，只要有可能，一般都会照顾安排。所以，这样一来，客观上说，唯亭学校里的师资实力要比一般乡镇强很多。

唯亭毕竟是个乡镇，平时客流量不是很大，有三趟车已经不错了。而且每逢重大节假日，铁路方面还会增发加班火车，以满足节假日出行人多的需求。问题是当时经济发展慢，生产落后，火车运力不足，有时候加班火车发的是平时装运货物的铁棚车，里面什么设施都没有，旅客只能席地而坐，所以有经验的人会自己带好垫座的材料。好在这样的火车票价便宜很多，所以也有它的优势。

火车交通这样方便，车票也不是很贵：从唯亭到上海，票价一元两角，到苏州是三角，到无锡是一元。即便如此，有些善于精打细算的旅客还会想出节省的妙法来。例如，要去苏州，火车票买到位于苏州东郊的小站"官渎里"，只要花两角钱，下车后，走不远的路，到娄门坐3路公共汽车，买五分钱票就可以到观前街了。真是令人佩服！

铁路运输，除了客车，还有大量的货车。唯亭车站的货运只办理整车到发，因此，铁轨上常常看见停着长列的货车。最长的火车，常常看不见首尾，而且有时候停车的时间特别长。这样，住在铁路北面的村民经过这里，没有办法，只好从货车底下钻过去。这是非常危险的举动，车站工作人员看见是绝对不准许的。可是村民要经过这段必经之路，又怕绕很长的路，出于无奈，只好冒险一钻。大概是他们经常遇到这样的情况，积累了一定的经验，因此也没听说出过什么伤亡事故。

曾经有一段时间，经常有整车的煤运到唯亭卸货。我们生产队有为车站卸货的副业。记得有一次通知我们午后去卸煤，那一天正值高温酷暑，我们钻在煤车中，扬起铁铲奋力把粉煤往车下卸。哪知烈日当头暴晒，车里密不透风，就像钻在蒸笼里一样。不一会儿大家就吃不消了，大汗淋漓之后，感觉有点寒战，这是快要中暑的讯号，于是，伙伴们一起下车逃了回去——幸好没有坚持，否则后果不堪设想。

在火车站站房的东西两边，还有很多工房。大致安排是这样的：西边主要是车站工作人员的家属区，东面以铁路养护工人住宿为主。这些房子就在铁路的路基下，所以一旦火车经过，震动非常厉害。想想他们晚上睡觉也真不容易。因为火车是在铁轨上运行的，为了确保安全，所以对铁轨的检查和养护很重要。唯亭火车站有很多负责日常巡查的工人。他们每天戴着大草帽，背着水壶，手里提着铁榔头，沿铁轨一路行走，中间还时不时要停下来敲敲钢轨，一天要跑好多路，非常辛苦。

火车站西侧，紧靠金埂岸的旁边路基下，有一片煤屑铺就的篮球场，车站工作人员经常在这里打球，因此火车站的职工篮球队是一支实力强劲的球队，在唯亭是很有名气的。而对于我来说，对那片球场印象最深的是看露天电影。当时，车站有铁路电影放映队，会定期来为车站职工放映电影，球场是完全开放的，大家都可以去看，所以是我们的一项大福利。

改革开放以来，国家发展一日千里，铁路也是这样。从单纯的一条沪宁铁路，发展到了高铁、动车多条并行、同步发展；火车的发展也从老式的蒸汽轮机到"东风"内燃机车，再到"和谐号"动车组，速度越来越快，火车外观越来越漂亮,坐车的感受也越来越舒服。尽管唯亭火车站已经于1996年4月停办了客运业务,变成了只办货运业务的四等车站,但是我们作为铁路交通发展的见证人,还是感到非常幸运!

公路交通

唯亭地处苏州和昆山中间，1935年的时候，苏昆之间就筑了公路，有客运汽车开行，但只是经过唯亭，没有班车停靠。一直要到1956年，唯亭设立了长途汽车站，才有苏昆（苏州—昆山）、苏太（苏州—太仓）班车途经停靠，所以唯亭公路客运的开通不算很早。

唯亭的汽车站设在公路和金埝岸交叉路口的东北侧。三开间的简陋平房，东面两间是候车室，敞开式的大门，暗红色八五砖铺地，中间背靠背放两组礼拜凳，供旅客候车休息。西面墙上挂着一块木框，里面是汽车时刻表和票价表。另外的墙壁会根据形势变化贴一些应时的宣传画。有一段时间，血吸虫病防治是苏南农村的中心工作，因此墙上就贴了有关血吸虫从繁殖、生长到感染人的全过程环形图片，形象直观，一目了然。西面是一个小间，一隔为二，前面是卖票的窗口，窗下放一张不大的办公桌，桌上有一部老式的手摇电话机；后面半间作为工作人员的休息室。站房周边留有一圈空地，供晚班过夜的汽车停车之用。当时唯亭的客运汽车有两种类型。一种是苏州发往昆山、太仓的长途汽车，途经唯亭，可以乘坐。还有一种是从苏州汽车公司开出来的农村公共汽车，这是直达乡镇的。当时人们的生活规律基本还是日出而作，日落而息，没有什么夜生活，所以晚班汽车开到乡镇，基本上没有什么乘客上车。于是，公司因时制宜，就让汽车停在乡镇过夜，第二天一早发头班车。这样，可以确保早班准时发车，方便群众赶早到苏州办事。对于汽车公司来说，安排一辆车就地过夜，减少了有可能跑两趟空车（当天夜晚上去和明天清早回）的浪费。事实证明，这样安排，每天上去的头班车都是坐得满满的，经济效益可观，可见这确是一项很好的管理举措。不过有一次，停在唯亭过夜的汽车出了一个事故，把汽车站的站房撞塌了一个墙角，听说是车站工作人员上去启动了汽车从而导致汽车失控造成的。之后，公司方面进行了人员调整，车站工作人员由寺浜村的退伍军人顾师傅接任，他工作认真负责，一直干到唯亭汽车站撤销。金埠岸旁边的汽车站一直用到1997年年底，因镇区建设发展需要，被拆除后往东面移建到19路公交车站旁边。

改革开放以来，苏州的公共交通事业得到较快发展。1986年9月30日，苏州市公交公司的19路公共汽车延伸到了唯亭，这样一来，唯亭人民出行就更方便了。不过，由于人多车少，乘车还是十分紧张。有几年时间，我调往外地工作，每周要乘坐公交车往返，每当高峰时段，挤车就像是打肉搏战，因此对"轧公交"的辛苦深有体会。但是不管怎么说，公交汽车毕竟班次多，乘车时间比较灵活，所以对只有固定班次的长途汽车造成了很大的冲击。加上后来沪宁高速公路的建成通车，人们出行方式有了更多的选择，因此，唯亭长途汽车客运站的历史于2003年9月画上了句号。

说完了公路交通的发展，再来谈谈公路硬件设施的变化。

从前的公路都是用砂石铺成的。路基是填土加碎石道砟夯结，上面再铺上粗的石砂，所以又叫砂面公路。这样的公路，晴天汽车开过，常常是沙尘飞扬，两边绿化的树叶上都落满了尘土，甚至公路两旁的庄稼也不能幸免。如果人在公路旁边行走，一旦有汽车经过，就只好背过身去再遮掩口鼻躲避。同时，公路上的石砂经汽车碾轧，也会飞撒开来，毫不留情地击打到你的身上。行人走在公路旁遭受到这样的侵袭，除了内心发出一声咒骂，其他也就无可奈何了。

正因为汽车开过碾压路面会导致沙子飞散，所以道路养护人员每天都要出去扫公路。那时，唯亭公路养路队的驻地就在金弄堂西北侧。每天一早，养路工人肩扛着特制的大规格竹编扫帚出发去做养护。扫公路的方式跟平时扫地不同，不是轻飘飘地扫除一些灰尘，而是要把散在公路两边的石砂用扫帚用力推到公路中间的车道上去。干这活需要花很大力气，整天工作，非常辛苦。因此过往司机对养路工人都非常尊重，每逢汽车开过，看见他们在养护，都会放慢速度，缓缓通过，以减少汽车卷起的灰尘和石砂给工人们带来的不良影响。有时候工人要去养护的路段比较远，如果看见有过往汽车，只要扬起扫帚示意，司机都会停车把他们带上一段。

如果碰到连续阴雨天气，泥石路基经过碾压，损伤极大，雨后的公路到处是坑坑洼洼的，那养护就更辛苦了。那时候，养路工人要拉上板车，带好铁铲、洋镐、水桶等很多工具出去。到了一个地方，先要在破损的地方拿洋镐垦开，把路基翻松，然后拉车到一处固定的堆放点运来石子，填在坑里，再铲上一些泥土压实，浇水渗透，使修补的地方跟原来的路基紧密融合，上面再铺上石砂压平，经过这样一番手脚，一处修补才算完工。一个养路队负责养护的公路要有好几千米长（唯亭养路队负责的路段东到跟正仪交界的界牌桥，西到跟跨塘接壤的陆泾桥），你想要花多少时间，要付出多少艰辛的劳动？我十八岁的时候，有过到养路队做临时工的经历，所以对养路工作的操作过程非常清楚，对养路工劳动的艰辛有过深切的体验。

  历史在发展，社会在进步，我们国家自从改革开放以来，公路交通的发展可以说是一日千里。途经唯亭的公路成为国家的重点交通干线——312国道。于是公路设施大大改善，砂石公路变成了沥青铺设的柏油马路，沙尘飞扬的情景从此绝迹。更重要的是，汽车行驶在平整的道路上，旅客乘车的体验感受也完全不一样了。高速公路建设的大发展，为百姓出行提供了更加快速便捷的交通服务。几年间，沪宁高速、绕城高速、苏嘉杭高速相继建成开通，高速公路连片成网，因此汽车客运也向高速快客发展。长途客运都变成了点对点的快客，一站直达，中途没有旅客上下，确保准点。苏州近郊的客运都变成了公交化运行，城乡一体，基本没有什么差别。再说，在我们乡镇范围内，村村通公路，实现了道路的网络化。这样发达的交通，我们的前辈什么时候想到过？不要说他们，即使是我们，又何尝不是如此！

业余篮球

从前，唯亭民间的篮球运动开展得轰轰烈烈，在周边地区有一定的影响力。

据《唯亭镇志》记载，1933年1月1日，唯亭民教馆组织举办了乡民众篮球赛。可见，当时民间的群众性篮球运动已经开展得很普遍了，否则不可能举办全乡的篮球赛。如此算来，唯亭的篮球运动距今已有百年历史。40年代初，镇上成立了唯光、青光、雄鹰三支球队，他们经常利用唯亭小学的篮球场开展训练和比赛。抗战胜利后，三支球队重组合并，成立了唯亭建成篮球队。建成篮球队的发起人是在仁寿桥西经营砖瓦行的陈福根，他也因此被众人推举担任了建成篮球队的首任队长。

球队成立之后，队员们在社会各界的支持和帮助下，选定西街小桥浜北面的一块空地——陆家场（就是后来建造医院的地块），自己动手，平整土地，搬运煤渣，安装篮架，建成了一片合乎标准的篮球场。从此，建成篮球队经常在这片属于自己的球场上开展训练，不断提高打球的战术水平。为了检验自身的训练效果，同时也为积累比赛经验，建成篮球队经常邀请兄弟乡镇的篮球队来唯亭进行比赛。其中，像洇泾的莲花垛是经常来访的球队。另外，球队也利用一切机会，外出观摩、学习和参加比赛。当时，应邀到唯亭来进行比赛的，除了乡镇球队，还有苏州、上海的职工球队。由于多方频繁的交流，加上自身刻苦训练，建成篮球队的水平提高很快，逐渐在吴县范围内小有名气。最值得骄傲的是，50年代初期，唯亭镇在陆家场承办了吴县篮球锦标赛。当时，在球场周围搭建了规模很大的看台，前来观看比赛的观众多达千人，可谓盛况空前。

建成篮球队在球场上的出色表现，也进一步激发了唯亭人民对篮球运动的热爱。当时报名入队的青年球员很多，大家比较熟悉、经常上场的主力队员有俞国荣、江玉泉、殷泉生、钱明南、朱学林、陈坤泉、顾维璜、曹松林、钱惠根等。其中俞国荣穿5号球衣，打中锋。他在比赛中运球穿插灵活，传球神出鬼没，投篮命中率高，是整个球队的灵魂。因为他球技出色，曾被选拔作为县代表出场参加高级别的比赛。他是唯亭人民心目中引以为豪的本土篮球明星。

建成篮球队是一个纯粹的民间篮球组织。队员们来自不同的行业，大家都有自己的工作。他们没有球队的办公场所，如有事情需要商议，经常会来到德生堂药材店碰头。他们每人的球衣、球鞋都是自己出钱购买的；如有外出活动，车旅费、餐饮费都是自掏腰包。其中像曹松林医生，为人慷慨，出手大方，经常在打完比赛后自己去买正广和汽水请客，让队员们解渴散热。他们这样的业余球队，不图名，不为利，真正是共同的爱好使大家走到了一起。尽管条件艰苦，但是队员们团结一致，互相关心，共同为了心中的篮球梦想奋勇搏杀。这种可贵的精神，真值得现今那些俱乐部的职业队员们学习啊。

在唯亭，篮球运动有广泛的群众基础。除了建成篮球队，唯亭中小学校和镇上比较大的企业，都有自己的业余球队。一有机会，他们就会组织开展篮球比赛。其中如中小学校的教工队、火车站的职工队、建筑站的工匠队实力不俗，都是篮球赛场上的劲旅。在农村，方厦村和夷陵山都有自己的篮球场，那里的业余篮球运动都开展得有声有色，他们球队在唯亭有一定的影响力。

时间进入到60年代，随着年龄的增长，老一代建成篮球队员逐步退役。加上三年严重困难对国民经济的冲击，建成篮球队慢慢退出了比赛的球场。同时，曾经轰轰烈烈的群众性篮球运动，也日渐淡化。但是唯亭人民对篮球的热情并没有消失，民间的篮球活动还在继续。如镇上一批爱好篮球的年轻人组成的绿队，还活跃在球场上。镇上有些表现突出的青年球员，如出自唯亭中学校队的钱水荣、施政元，来自镇郊方厦一队的王全正、吴金文等都是球场上的猛将，给人们留下了很深的印象。

说到唯亭的篮球运动，就不能不提到球迷。唯亭人或许天生对篮球有特别的感情，只要镇上有篮球比赛，到现场观看的观众总是里三层外三层，气氛异常热烈。其中有两位超级球迷，可是赫赫有名。一位是裁缝师傅邵小林，一位是合作商店职工王震林。无论大小比赛，他们总是每场必到，所以唯亭人戏称："二林"不到，篮球不能开场。或许也正是有这么热情的观众，才能培育出唯亭浓厚的篮球氛围吧。

现在，时间已经过去几十年，曾经创造辉煌的建成篮球队早已经退出了历史的舞台，当年在球场上叱咤风云的球员们也都慢慢离开了我们。但是他们的光辉形象永远活在我们唯亭乡亲的心中，让我们永远记住他们——那些可敬可爱的民间篮球运动员们！

群众文艺

唯亭是个大镇，爱好文艺活动的人很多，这方面的人才也不少，民间文艺活动一直比较活跃。

中华人民共和国刚成立的时候，各类政治运动很多，需要文艺活动配合当时的中心工作，对广大人民群众进行宣传教育。1950年下半年，唯亭镇工会组织一批文艺活动积极分子，建立了职工业余剧团。剧团成立以后，配合镇压反革命运动，编演了戏剧《刘胡兰》；配合"三反""五反"运动，编演了节目《打老虎》；配合土地改革，编演了小戏《九件衣》；配合宣传新婚姻法，演出了《小二黑结婚》；等等。其中《打老虎》参加区里会演，还获得了锦旗奖励。这些文艺演出活动，对宣传当时的政治形势、普及当时的政策知识，发挥了很好的作用。活动中，表现突出的如盛秋云、江玉泉、杨文志等，都是深受群众欢迎的文艺活动骨干。除了舞台的演出，他们还深入群众，组织形式多样的艺术活动。如根据社会形势，结合生产生活实际，教唱歌曲。至今还记得，在抗美援朝的时候教过这样一首歌："嘿啦啦啦啦嘿啦啦啦，嘿啦啦啦啦嘿啦啦啦，天空出彩霞呀，地上开红花呀，中朝人民力量大……"为欢庆农业丰收，教过歌唱合作化的方言歌曲："九月里，菊花黄，稻谷堆满仓。今年（仔）大丰收，家家变了样……"另外，在节庆的时候，经常组织游行活动。队伍中男青年表演的调龙灯，让人眼花缭乱，目不暇接；年轻妇女则是扭秧歌，打腰鼓，只见彩绸飞扬，鼓声咚咚，好一派欢乐的气氛。

后来，这样的群众文艺活动由文化站组织开展。在60年代初期，镇上一些戏曲爱好者自发组建了业余锡剧团。他们利用业余时间，自导自演，表演节目，深受广大群众的欢迎。他们的演出剧目还一度获得了县政府颁发的优秀演出奖。草根演员的表演同样也是可圈可点，当年他们的精彩表演，如今还历历在目。其中如装卸社的沈师傅、棉毯厂的胡女士等，都是舞台表演的佼佼者。

早先，负责文化站工作的是一位姓李的女同志，后来她调到唯亭小学当老师去了。接任她的是吴县文化馆派来的一位女干部，姓吴，听说她原是部队文工团的，能唱能跳，文艺才能非常突出；性格也直爽，能说会道，很受基层文艺爱好者敬重。她个性活跃，工作热情又高，因此基层文艺活动的开展也就更加热烈了。

时值"文化大革命"开始，各种形式的文艺宣传全面开展，活动搞得轰轰烈烈。市镇的一些企业、单位，农村的大队普遍成立文艺宣传队。中小学校也组织学生，深入田间地头，宣传演出，受到农民群众的热情赞扬。每到夏季，镇上还定期在中学操场上举办乘凉晚会，由一些文艺积极分子表演各种形式的小节目，群众非常欢迎。可以说，这个阶段是群众文艺发展最辉煌的时期。后来，全国开展普及样板戏活动。有些文艺基础条件比较好的大队宣传队，人才济济，吹拉弹唱一应俱全，就自主排演样板戏剧目为广大农民演出。其中最突出的要数方厦大队文艺宣传队，他们先后排演的锡剧版和京剧版《沙家浜》，不仅在本乡本土演出，还被邀请外出表演，影响很大。在这些活动中，各地的插队知识青年发挥了很大的作用，很多主角都是由他们来饰演。

到"文化大革命"后期，普及样板戏的活动结束，吴县大京班解散，上面派来了在《沙家浜》中饰演胡传魁的演员小姚来接替吴老师主持唯亭文化站的工作。他文化水平高，又有舞台表演经验，因此对基层文艺活动的指导也是有声有色。当时，县文化馆每年都要举办全县的群众文艺汇演，他就深入基层，指导大队宣传队编写、排演参会节目，花了不少心血。其中像方厦大队自己创作排演的独幕沪剧《邻队之间》，通过片里选拔出线，参加了吴县文化馆组织的全县群众文艺汇演。

说到基层的群众文艺活动，不能不提到唯亭中心小学。学校里，有文艺才能的老师多，工作热情也高，所以开展文艺活动的水平也非同一般。在60年代初，唯亭中心小学就组织成立了红领巾合唱团。小队员们在朱大震、沈俊章、钱伯华等老师的指导下排演的合唱节目，经常在公社的干部大会演出，反响热烈。后来到了70年代，学校多次自编自排歌舞节目，演出效果非常突出。其中《红小兵织毯》《喜为丰收忙》两台歌舞节目参加县中小学校文艺汇演，都获得了很高的评价和奖励。可以说，当年的唯亭中心小学是唯亭镇群众文艺的一个优秀典型，也是唯亭民间文艺活动的一面光辉旗帜。

露天电影

从前，唯亭没有电影院，小时候看电影都是在广场上，这就是露天电影。

那时镇上放电影，比较多的是安排在中学的操场上。两根粗长的毛竹竖在地上，用麻绳绑好固定，扯起一块大银幕，一边挂一只放音的大喇叭，就这么简单直白。操场上没有座位，看电影时如果想坐，就要自带凳子，否则只能站着。尽管是露天电影，但票还是要买的，五分钱一张。吃过晚饭，中学两扇大门一关，收票入场。小孩子身边没有零用钱买票，可以想法子找熟悉的大人带进去，只要个子还小，一般都是放行的。如果遇到人长高了，当然不行。没办法，只好等电影差不多放过一半的时候，售票员敞开大门"放汤"，这样马马虎虎还可以看上半本，也能过一点瘾吧。

早先来放电影的是吴县农村电影放映队。他们出来放电影是摇一只中型木船，船舱搭有竹编的篷帐，放映机都放在那里。船头上带有一台柴油发电机，如果遇到偏远农村没有通电，或者有时候放映中途碰到断电，那就要自己开机发电。每次放电影之前几天，会到镇上来贴电影海报，上面写明放映的时间和地点。海报都是很漂亮的宣传画，画面上以主角的肖像为主，背景往往是电影中主要情节的镜头剪辑，非常吸引眼球。所以，等到一场电影开映，有心的朋友会去把电影海报揭下，拿回去贴在自家的墙上。

这些电影海报的艺术性都很强，如果能够保留到现在，那可以说是不可多得的艺术收藏品了。

除了镇上，唯亭火车站也有电影可看。这是上海铁路局的电影放映队，每隔一段时间，就会安排到唯亭车站来放一场电影，主要是慰问铁路职工。火车站放电影，地点就在站房左侧的篮球场上。篮球场完全开放，不卖票，所以是小伙伴们的大福利。当然，这里放电影，不会贴海报提前预告，所以电影的消息都是铁路职工传递出来的。看电影是大事情，只要有一个人知道，就会在同伴中奔走相告，大家呼朋引伴，相约一道去看电影。铁路放映队来自上海，他们的机器好，片子新，所以每到放电影，总是人满为患。而且他们是双机放映，中间不需要停机换片，可以一口气看完一部电影，那真叫过瘾。有时候去得晚了，离银幕太远，看不清画面，干脆就到铁路路基下的斜坡上，席地而坐，从银幕背面看"反电影"，影片中的声音反正

露天电影

都是一样的，所以影响不是太大。铁路放映队属于系统内部的电影队，所以每场电影正式开映之前都会播放很多保护铁路、注意安全的宣传幻灯片，这也让我们懂得了许多有关交通安全的知识，可以说是额外收获吧。

"文化大革命"开始后，电影作为一种受众广泛的传播方式，政府为了加强宣传，露天电影就不卖票了，每到一处，都是敞开入场。镇上原来的西城隍庙彻底被拆除，变成了一片大广场，于是这里就成了露天电影的最佳放映点。我家就住在旁边，每当有电影，一到傍晚，总是早早地挑最好的位置去放好凳子，这可真是"近水楼台先得月"。

后来到了70年代，唯亭公社也有了电影船，这样看电影的机会又多了一些，除了镇上，农村各大队都会轮流按序放电影。村里放电影一般都是在打谷场上，有时候也会安排在未种庄稼的闲田里。小伙伴们只要一有消息，就会搭道结伴，赶东赶西去看电影。去得最远的地方要走将近一个小时的路。因为是去偏远的农村，走的都是曲曲弯弯的田埂土路，有时候不小心磕磕绊绊，摔跤也是难免的事情。但是，路程再远，困难再多，也抵挡不住心中看电影的热情。好在有伙伴们同行，一路上说说笑笑，也有乐趣，所以并不感觉走很远的路有多辛苦。一场电影看完，在回去的路上，那讨论的话题基本上就是电影的观感了。小伙伴中有艺术天赋的朋友，还会拿捏腔调地模仿电影中某些角色的对白，常常会把大家逗得哈哈大笑。《地道战》中，刘江饰演的伪军胖队长拍马屁的那句"高，实在是高"，就是模仿频率特别高的一句经典台词。

那段时间，电影看得很多，收获确实不小。"文化大革命"之前，有几家著名的电影制片厂印象特别深刻，如长春电影制片厂、八一电影制片厂，以及上海的天马、海燕两家电影制片厂。特别是解放军的八一电影制片厂，以拍战争题材见长，每当电影开始，雄壮的《中国人民解放军进行曲》的旋律响起，"八一"军徽闪闪发光呈现在银幕的时候，心中会不由自主地产生一丝莫名的激动。当时的电影可以说是百花齐放，题材丰富，艺术性强，编导的水平高，演员的演技也好，所以拍的电影都非常好看。例如战争片《平原游击队》《铁道游击队》《上甘岭》《红日》等，谍战片《国庆十点钟》《铁道卫士》《永不消逝的电波》《地下航线》等，儿童片《红孩子》《英雄小八路》《小兵张嘎》等，喜剧片《大李小李和老李》《女理发师》《满意不满意》等，都给我们留下了深刻的印象。那时，电影中的当红明星都可以背出一大串名字来。

"文化大革命"开始后，有了引进友好国家的电影，欧洲的有阿尔巴尼亚、南斯拉夫、罗马尼亚等，亚洲的有朝鲜和越南。欧洲的电影确实好看，特别是南斯拉夫的《桥》《瓦尔特保卫萨拉热窝》，真个是惊心动魄！看了南斯拉夫的电影，一首经典的插曲《啊，朋友再见》就成了我们的流行歌曲。

现在回想起来，当年的露天电影条件是简陋的，但是在物质文化贫乏的年代里，它给我们带来的精神享受，让人永远难以忘怀。

少儿游戏

从前，科学不像现在这么发达，社会生产力水平不高，人们的生活条件比较差，不要说没有电脑，没有手机，就是电视机都没见过，少数家庭条件好的有台收音机，那就是很稀罕的物件了。因此小孩子是没有什么娱乐活动的。当然，一代人有一代人的生活，那时的孩子却有原生态的游戏来打发业余时间，因此生活过得也很充实。

游戏种类名目繁多，可谓丰富多彩。项目有群体性的，也有个体性的；有的还有性别的区分，适合男孩玩还是女孩玩，都有分档。有的是各地都有的，如女孩子的跳牛皮筋等，都是广泛流行的；有些则可能具有一定的地方性。

群体性游戏是很多人一起来玩的，常玩的有"老鹰捉小鸡""丢手绢""白狗舔脚背"等，这是不分性别都可以玩的；还有像"躲猫猫""捉特务"等，则大多只是男孩子们玩。上述游戏有的是各地都有的，像"老鹰捉小鸡""丢手绢"，是幼儿园的常规游戏。其中"白狗舔脚背"的游戏，好像流行不是很广。这游戏的玩法很简单：若干孩子并排坐在一起，双脚伸出，由一个孩子扮作"小狗"，蹲下身子，用手指依次在小伙伴们的脚背上点一下，同时嘴里还念着这样的童谣："舔舔脚背，跳过南山。南山扳倒，水龙擒王……伸手缩脱哪里一只小白狗只脚？"念到最后一个字的时候，"小狗"正好舔到谁的脚，他就要站起来，调换当"小狗"，游戏继续进行。直到最后，谁的双脚一次都没被舔到,谁就是胜者。这游戏在冬天孩子们一起"孵太阳"的时候开展得比较多。

个体性游戏参与的人数少,很多是两个人一对一玩,有的也可以扩展,再增加一两个人参加。这样的游戏性别色彩比较明显,男孩女孩都有不同的玩法。

男孩玩得比较多的有"对洋画""打弹子""滚铜板"等。

先说说"对洋画"。这里说的洋画,也叫洋片,就是一张硬纸画片,正面是彩色的图画,背面印有跟画面相关的文字,差不多是短边三厘米,长边五厘米的样子。画面的内容各色各样,动物类、植物类、人物类甚至猜谜语等,什么都有;而且都是成套的,一套一个系列,有很多张,画工都很精致,集齐一套还可以收藏,孩子们都很喜欢。所谓"对洋画",具体玩法有三种:一种叫"吹洋画"。玩法是两个人面对面,各自拿出一张洋画,正面朝上并放在台面上。然后两个人同时对着洋画,"噗"的一声,吹一口大气,让它们飘起来落到地上,谁的那张背面朝上,谁就是输家,这张洋画就归赢家了。第二种是"飞洋画"。玩法是每人拿出一张洋画,由一个人捏在一起,往空中一扬,等它们落到地上看正反面论输赢。第三种则是"贴洋画"。玩法是两个人面对墙壁站着,每人拿出一张洋画,把正面按在墙上,然后同时松手,让它们飘落到地,同样是根据正反面定输赢。这游戏没有什么技术含量,输赢全凭运气。玩这游戏也有人动脑筋作弊,拿两张相同的洋画,把其中一张浸一下水,然后小心翼翼地把画面揭下来,粘贴到另外一张的背面,这样就变成了一张双面洋画,小伙

洋画

伴们把它叫作"两面头",这样跟别人玩游戏的时候,落到地上的总是"正面",他就变成了"常胖将军"。当然,这样的伎俩只能偶尔为之,如果一而再、再而三地故伎重演,别人起了疑心,就会拆穿"西洋镜"。这样的话,是会挨打的!在孩子们中间,为了"对洋画"而起争斗的事情是经常发生的。

再说"打弹子"。这里说的弹子,其实是一种彩色的玻璃球,直径在一厘米多一点。所谓"打弹子",就是先用食指的两个关节夹住弹子,然后靠大拇指的指尖发力,把它弹出去,技术好的能弹出去几米远。其玩法也有三种:一种是"追逐打"。就是两个人各执一颗弹子,先在地上放好一个点,然后弹来弹去,互相追打,以瞄准对方,然后击中为胜。胜者就可以得到对方的这颗弹子。这游戏有很高的技术含量,有的小伙伴本领高强,可以在很远的地方吊打,击中对方,真是令人钦佩。第二种是"进泥潭"。先在泥地上划定一段距离,设置起点和终点,然后在中间随便挖几个凹下去的小泥潭。比赛的时候,两个人先后在起点击发弹子,要依次打进挖好的泥潭里。如果打进,可以连打,不然就要让对方打。这样轮流交替,看谁先打进全部泥潭,到达终点为胜。第三种是"打圆圈"。先在泥地上画好一个直径一米多的圆圈,然后两个人各把一颗弹子放在圈里的地上。经过猜先,开始互相追打,谁能把对方的弹子击中打出圈外为胜。在击打的过程中,如果没有击中对方,自己的弹子却打出了圈外,也算是输了。

"滚铜板"是拿两块砖头,搭出一个大致30°的斜坡,在前方几米远的地方画好一条端线。玩的时候,经过猜先,两个人先后拿出一枚铜板，在斜坡上轻轻一磕，让铜板向前滚出去。等到铜板停下，滚得远的一方就可以瞄准另一方的铜板击打，如果击中，就算得胜，可以把对方的这枚铜板收入囊中。如果一击不中，就轮到对方打你，以此类推，直到决出胜负为止。其中还有一个规则值得注意，就是在初始滚出去的时候，铜板不能滚出端线，否则就算作是输。所以，开始滚的时候，这轻轻一磕，力度的把握非常重要。如果太轻，距离不远，就会被对方击打；如果太重，出了端线，就是前功尽弃。要赢一枚铜板，真心也不容易。铜板价值比较大，也有改用铜钱来玩的，那名称就叫"滚铜钿"了。

男孩的游戏还有很多，有些是比较普遍的，如"滚铁环"（我们叫"车铁箍"）等，这里就不一一罗列了。女孩的游戏也有很多，如"蹦方块""造房子""捉踢子""挑绷绷"等，因为不熟悉玩法，缺乏细节的认识，所以无法写出具体的内容来。

厨房柴灶

记得小时候猜过这样一个谜语："远看一只羊，近看一堵墙。天天吃柴草，里厢黑肚肠。"谜底是家里烧饭的灶头。这个谜语放到现在，估计没几个人能猜得出来了，因为，用灶头烧饭还是很久以前的事情，可能"80后"就很少看见了。从前，烧饭都用柴灶，所以一般人家基本都有灶头。苏州著名油画大师颜文樑先生有过一幅名为"厨房"的画作，画中就有老式的灶头，此画在1929年还获得了法国春季沙龙荣誉奖。

过去，厨房里的灶头是家里的必备设施，所以造好一户新房子，同时就会砌好一副新灶头。从前的厨房都是一间不小的房屋，名称叫作灶屋间。家里砌的灶头，有大有小，这是由家里房子的大小和人口的多少决定的。人家大一点的，要砌三眼灶。所谓"三眼灶"，就是一副灶头上安放大、中、小三只镬子，大镬烧饭，小镬炒菜，中镬备用。如果小一点，只安排两只镬子的，就是两眼灶，也有小的人家砌单眼灶的。镬子是用生铁铸造的，比较脆。有时候不当心会被铲刀磕破，那就要请专门补镬子的工匠师傅修补好。镬子用了一段时间，底下一直柴烧烟熏，会结起锅灰，积得厚了会影响传热。这时，就要把镬子揭下来，倒扣在地上，用炒菜的铲刀刮掉，这叫刮镬子，这是家庭主妇经常要做的事情。如果旧的镬子有过修补，那刮镬子就要分外小心，以防再次碰破。在灶台上，镬子里侧一般都要安放一到两只汤罐。汤罐围圆不大,直径不超过二十厘米,深也仅二十多厘米,底呈圆锥形。汤罐不是用来烧煮食物的,里面只是存水,利用烧饭的余热稍稍加温,变成温暾水,可供刷锅洗碗之用,这在冷天特别受用。可见老法头里的人们是很有智慧的。苏州人有句歇后语,叫作"汤罐里笃鸭——独出一张嘴",这是专门用来形容某人办事喜欢指手画脚,只是口头上说,而不是真正动手去做。这是非常形象的形容。

灶头的砌筑也是一门大技艺,不是一般会砌房子的泥水匠都能做的。据说,灶头砌的质量好坏,会直接影响柴草燃烧的效能,如果砌得不好,烧饭的时候会"不发火"。所以,家里砌灶头非请有经验的大师傅不可。以前的大师傅,不仅能砌出一副好灶头,砌完之后还会给灶头的外表

旧灶

美化一番。他们会用墨汁画一些讨口彩、求吉利的图形，如荷花、葫芦、蝙蝠等，同时还要写上空心的篆体"福"字，以寄托人们对美好生活的期求。

灶头是一种很特殊的建筑形式，灶台的外形是半椭圆形的，所以所用的砖头也是有特殊规格的。特别是砌灶台的几块灶面砖，都是根据灶头的形式特制的异型砖，必须厚实牢固。灶台下面是收缩进去的，这样，下面的空间比较宽敞，烧饭的时候人在灶前走动就有比较自由的余地。砌灶台的时候，师傅会安排好放油壶、盐罐的空间，还会见缝插针地在有些地方留下几个空龛，这样的空龛叫灶摸洞，点火的火柴就是放在这里面的。在灶台里侧，砌一堵直立的单面墙，墙的一侧是烟囱，一直伸出房顶屋面。在这堵墙的下部，留有几个小的孔洞，性质就跟碉堡的射击孔差不多，透过孔洞，可以在后面烧火的时候随时观察灶台上的情况，以便控制和掌握适当的火候。正面上部砌有一个很大的佛龛，这是专门用来供灶神的。灶神可是家里供奉的大神，是万万不能怠慢的。所以每年农历十二月二十四日，唯亭人称为廿四夜，家家户户都要祭灶神，这习俗名叫谢灶。谢灶的时候，要点好香烛，摆上糖元宝、慈姑、荸荠、糯米团子等供品，让灶神吃得高兴，祈求他上天去多说好话，保佑全家平安。同时，这天晚餐全家就吃团子——祭神的时候也借机改善一下自己的生活，所以小时候是很期待廿四夜的。

这堵墙的后面，就是灶膛。每只镬子下面是一个独立的灶膛，烧饭菜的时候，用哪只镬子，就往哪个灶膛里添柴烧火。烧的燃料平时一般都是用稻、麦的柴草。烧饭的时候，柴草先要撄成草把，然后用火夹送到灶膛里去。不要小看这烧火，夏季天热，坐在灶膛前常常会被烤得大汗淋漓。有时候，碰到柴草受潮了，火烧不旺，就会浓烟滚滚，呛得人泪流满面。为了防止这样的尴尬，平时把柴草晒晒干也是一件很重要的事情。过年的时候，家里要烧一些大菜，或者炙糕等，需要火力猛烈一点，这靠柴草不够，就要改用木柴来烧，这样烧火的人会轻松一点。不过到了冬天，坐在灶前烧火，暖意融融，那是很舒服的。这时候，就连家里的小花猫也知道晚上钻到灶膛里取暖，因此我们方言里就有了"煨灶猫"这一说法。这个词常常被用来讽刺一些没有朝气、缺乏活力的人，倒也是很形象的。

说到灶头，也可以顺便提一下柴灶的一种简化形式——行灶。正规的行灶是用陶土烧制而成的，形式就像是一只低矮的小缸，在一侧开有一个方口，用以添柴。口沿上有三只凸起的撑脚，是用来架空镬子的。这样，当下面添柴烧火的时候，烟可以从上面的空隙里排出，空气流通了，火才能烧得旺。行灶最大的优点是可以搬动，因此农村里如果开船出去的时间比较长，那么船上一般都会带好行灶，方便生活。

80年代开始，清洁、便捷的燃料——液化气逐渐普及；同时，农村分田到户，一家一户没多少柴草可以用来烧饭，因此，老式柴灶的"退役"也就不可避免了。不过，这么多年过去，人们并没有把它彻底忘掉。用铁镬子、柴草烧饭，特别是烧新米饭的时候，那镬底留下的锅巴真叫一个香啊！还有用铁镬子和木柴烧出来的红烧肉，那特有的香味,让人特别留恋,特别想念。现在,有些农家乐想恢复传统,力图找回过去的老味道,也曾风靡一时。我去品尝过,然而,过去的老味道真的找回来了吗?

照明灯具

记得在60年代初,在我们唯亭镇上,电灯还是很稀罕的物件,只有工厂企业、政府机关才有,一般居民家里照明都是用煤油灯。

简易的煤油灯多用小的玻璃瓶子制成,用完的墨水瓶、喝完的药水瓶都是做灯的好材料。在瓶盖中央钻一个小孔,用铁皮卷成一个小的圆管,插入小孔,中间穿上棉纱做灯芯,一盏灯就做成了。瓶子里倒入煤油(人们都称之为洋油),稍等一会儿,棉纱吸收了煤油,"嗤"的一声,划着一根火柴,把灯管上露出的灯芯一点,灯就亮了。这就是最简单也是最常用的煤油灯,它最大的优点是取材方便,制作容易,成本极其低廉,这在当时可是一个非常突出的优势。最大的缺点是怕风。端在手上,走动的时候也要小心翼翼,脚步一快,动静一大,灯就会熄灭。我小时候看书、写字、做作业都是在这样的煤油灯下进行的。因为煤油点燃之后有黑烟,所以在灯下时间长了,鼻孔里都会染上黑烟灰。好在当时还没有PM2.5的概念,人们都不会把它当回事。你可不要小看这讨厌的黑烟灰,殊不知有时候还有大用场呢!夏天家里用的蒲扇,可以用毛笔写了名字,用煤油灯的黑烟一熏,油烟的黑色就牢牢地染在扇面上了,擦掉墨汁,显出反白的字迹,非常醒目。在灯下看书,经常会碰到一件尴尬事,那就是烧头发。由于灯光昏暗,如果书上字小,为了看清字迹,免不了要凑得近一点。

一不小心,只听见"嗤"的一声,前额上的头发就被烧焦了,散发出一阵特殊的气味。第二天上学,细心的同学发现了焦黄的发梢,就会戏谑道:"你烫头发了!"好在当时这也是普遍现象,大家都很无所谓。

条件好一点的人家,有买工厂生产的煤油灯。这种灯有一个很雅气的名字,叫美孚灯。顾名思义,它是舶来品,"美孚"可是美国石油大牌呢。这种灯有鼓腹细腰的玻璃灯座,它婀娜的身姿类似于当今时新款式的酒瓶子;灯座上是用螺纹旋上去的一个铁皮灯台,中间穿着扁带的灯芯,一侧有调节亮度的旋钮;灯台上依靠四个狭长花瓣形状的脚,夹住一个明亮的玻璃灯罩。这灯不怕风,亮度大,侧面有旋钮,可以根据需要调节亮度。它还有一个很实用的功能:夏天熏杀蚊帐里的蚊子。轻轻移动灯盏到蚊子下方,一烫一个。因为有了玻璃灯罩,灯芯不会露在外面,所以不会点燃蚊帐,安全有保障。由此可见,这灯跟前面的简易版油灯完全不在同一个量级。只是美孚灯价钱贵啊,而且这灯比较费油。煤油是计划供应的,数量有限,一般人家舍不得这么奢侈,所以使用并不普遍。附带提一句,每每看到有的电

美孚灯

视剧里，在过去战争年代，贫穷的山村里也用这种美孚灯，这是否符合当时的实际情况，很值得编导人员去考究一下。

用这灯有一个维护保养动作值得一说：擦灯罩。灯点久了，玻璃灯罩被油烟熏染，会影响亮度，所以时不时要擦拭干净。擦灯罩可是个技术活，擦拭要用毛糙的废纸，最好用旧的报纸，这才容易擦得干净；而且先要在灯罩内部哈热气，然后紧接着伸出两根手指，夹住废纸，探入灯罩里面旋转擦拭，动作要快，否则就不容易擦干净。

后来下乡种田，又接触了农村常用的两种灯具：汽灯和桅灯。汽灯是"高大上"的灯具，圆鼓形的灯座用钢铁材质制成，因为里面要打气，有一定的压力，所以必须保证它的坚固。汽灯是靠压力汽化煤油，喷射到顶部的纱罩上点亮的，亮度特别大，适合大场面使用，所以每个生产队里都有。但是，要点亮汽灯很不容易，加油、打气、点纱罩，需要有一定的技术，农村里也不是人人都有这个本事。桅灯又叫避风灯，顾名思义，因为它有全包围的玻璃灯罩，所以不怕风吹，夜航的船上少不了它。这两种可算是专用灯具，使用方法相对复杂，价格也贵，所以基本都是公家用，老百姓家里一般是没有的。

家庭副业

从前社会经济发展水平低，一般家庭收入有限，加上子女多，经济负担普遍较重，为此，很多家庭都要通过从事一些副业项目来增加点收入，贴补生活。早期的家庭副业项目大多跟本地的企业生产有关，基本上都是企业的外发加工活计。例如调纡、粘火柴盒、做竹壳、纺毛。下面就把这几个项目介绍一下。

调纡

调纡，也叫调丝，是丝织行业的外发加工活。大家知道，绸缎是用丝织成的，然而最初的丝是成绞的，无法直接拿来放到织机上去织丝绸，必须先经过一道整理的工序，把成绞的丝抽出头来，绕到专用的篗（苏州方言中发音同"浴"）头上去。这道工序就是调丝。具体做法是这样的：成绞的丝领回去，先把它绷在丝砣上。丝砣由三根直立的竹竿组成，下面有三块打孔的大方砖，竹竿就插在孔里，借以固定支撑。丝砣右后方是调丝的曳车，它的结构很简单，就是在一个木架子上，横架一根像秤杆那样的木杆，中间套进去一个篗头，这木杆叫调柄。调柄上缠绕一根带子，右手拉动带子，随着调柄上下移动，篗子就转动起来。绷在丝砣上的丝，通过上方铁钩的牵引，随着篗子的转动就慢慢地绕到篗子上去了。这项技术不算复杂，但是要有耐心，一般都是老太太们做的。唯亭向来丝织业发达，所以一度这个副业很普遍。

粘火柴盒

粘火柴盒，这是火柴厂的外发加工项目。以前，苏州的鸿生火柴厂是赫赫有名的民族资本企业，厂址就在胥江路新市桥的北堍。现在路过那里，还可以看见护城河边那一幢青砖民国建筑，这就是鸿生火柴厂的标志性建筑。鸿生火柴厂生产的宝塔火柴，以前家家户户每天都要用到它，标贴上面印的北寺塔图案，赭红色，给人印象特别深刻。火柴是生活日用品，消耗很快，所以厂家生产的数量极大。当时唯亭有火柴盒外发加工的发放点，家庭可以去申领材料来做。火柴盒是用薄的木皮制成，结构很简单，就是一个外壳围起来，装入一个放火柴的"小抽屉"。厂里发放的时候已经把做盒子的材料全部按规格切好，拿回去只要按在模具上折起来，然后用糨糊粘好，贴上商标，就完成了。

做竹壳

从前家里用的热水瓶外壳，一般都是用竹丝编成的。唯亭西街有家竹器生产合作社，热水瓶竹壳就是他们的产品。不过竹壳真正的制作场所并不是在他们单位，而是外发到家庭去加工的。竹器社的师傅们先把竹子开好，加工成篾片和竹丝，然后把这些材料发放给加工户。加工户领回材料之后，先拿篾片依照热水瓶模具的样子，编织好框架，然后用竹丝一圈一圈按规则绕上去。等竹壳绕满，还要整修加工，竹丝要排得紧密，表面不能有明显的节疤，否则交货的时候要退回返工。一批竹壳做好，先把它送到竹器社，经检验合格收货，然后结付加工费。竹器社收下后，还要进一步加工：喷清漆，配底圈，装提手，做完这些才是真正的成品。这项副业有个专用名词，叫做壳子。从事这个副业的主要是女孩子，她们靠手工赚的钱，有的是用于贴补家用，也有的是用于读书，赚得多了还可以做件新衣服，买双新鞋子，改善下自己的生活。这个副业持续的时间很长，一直要到竹器社歇业并入农机厂才结束。后来的事情大家都知道，热水瓶外壳基本上就是以塑料外壳为主。塑料外壳颜色丰富多彩，价钱也便宜，而且比较耐用，这些都是竹壳所无法比拟的。

纺毛

纺毛，完整的说法应该叫纺毛线，这是织毯行业的外发加工活。以前唯亭有专门生产棉毯的合作社。棉毯是由棉毛线织成的，棉毛线要用棉花纺出来，这纺线的活计就外发到家庭去做。棉花领回去，要把它在纺车上纺成线。本地纺车结构跟其他地方的不同，其他地方通常看到的都是手摇纺车，而我们这里是用脚踏转动的。它有一个大的轮子，直径要有一米左右，类似于柴油机上的飞轮，它是木头框架，外围两道竹片，组成一个轮子。轮子里面有类似辐条的木档，居中那条最宽的木档上开有圆孔，可以插上踏板，靠双脚左右分开踩踏转动轮子；然后通过套在轮子上的帆布带传动上面的锭子，这样就可以开始纺线了。纺线的时候，左手捏一团棉花，先抽出一个棉线头，粘在锭子尖头上；然后踩动踏板，带动锭子飞转起来，左手里的棉花缓缓往左后方拉，棉线就源源不断地抽出来了，看起来有点像变魔术一样。不过这"魔术"的效果可不是容易得来的，眼、手、脚都要协调，没有一定功夫的操练，这技术是无法掌握的。做这活，需要耐心，所以女孩子们比较擅长。因为织毯是一个传统产业，所以纺毛这个副业在唯亭是比较普遍的。

以上写到的家庭副业项目都跟企业的生产有关，属于外发加工性质。还有一些副业项目是由供销社的农副产品采购站收购，家庭自主生产。例如搓草绳、编麦辫、踏绳、织草包等。

搓草绳

搓草绳是把稻草用木榔头打软之后，靠手工搓成细的绳。这种草绳可以用在多个方面的捆扎，用途比较广，所以采购站是经常性收购的。做这副业的主要是农村里的老人。他们闲着无事，搓点草绳，卖掉可以换点油盐钱。搓草绳完全是手工操作，稻草就靠两只手掌不停地对搓，才变成了绳子，所以对皮肤的磨损是可想而知的。好在老人们的手掌皮本来就粗糙，所以感受不是特别明显，如果换成细皮嫩肉的"小鲜肉"，那后果就不堪设想了。

编麦辫

编麦辫是挑选优质的麦秆，压扁之后，按规则编织成扁形的"辫子"。一般是先用两根麦秆，对折之后变成四股，然后按规则交错穿插，就形成了麦辫。干这活的基本上是女子，有做得熟练的，可以一边跟别人闲聊，一边手里不停地编织，这样的功夫真让人佩服。采购站收购之后，会交给有关生产单位去加工成麦辫的产品。最简单的产品就是拿去缝制成草帽，复杂一点的也可以做成生活日用品（如麦柴包），有些做得精细的麦辫甚至还可以做成工艺品出口换取宝贵的外汇。

打柴帘

打柴帘，就是把稻草用细的草绳编成草帘子。这个做法比较简单：取一根横的木棍，上面按一定的距离分布钉着几组钉子，每组两只，用以夹住草绳。打柴帘的时候，只要拿一小把稻草横放在草绳上，用草绳对向缠住，再添一把稻草。不断重复这样的操作，做到一定长度就好了。这种柴帘主要用在包裹机件、家具等的包装外面，以防运输时遭磕碰而受损。

踏绳

踏绳，就是通过专用的草绳机，把稻草加工成粗的草绳。这种草绳有一定的拉力，用途比较广，需求量很大，所以曾经是采购站加以扶持培植的家庭副业项目。据《唯亭镇志》记载：1963年全公社开始仅有草绳机三台，一下子发展到一百零五台，收购的草绳数量从1964年的八千二百四十一担增加到1985年的三万九千二百担。这种草绳机，群众俗称踏绳机，顾名思义，是要靠脚踏启动的。因为草绳机都是铁木结构，踏动它需要的分量不轻，所以是一项很费力气的工作。而且，一边脚下使劲踩踏，转动机器，一边手里要把稻草添送到两个喇叭状的机件里去，靠机器的转动，拧成一根绳子。在踏绳的过程中，手脚都很紧张，所以赚这钱是有点吃力的。

织草包

　　对草包大家可能都比较熟悉，只要哪里发生洪水需要抢险，就会用草包装了土叠到堤坝上去，靠它来阻挡洪水。所以草包是用量很大的农副产品。据《唯亭镇志》载，1985年，唯亭从事草包编织副业的有三千零三十二户，当年收购的草包达一百二十三万四千七百只，可见规模之大。草包的编织要有好几道工序。先要用稻草搓好很多细的草绳，把它穿套在专用的木架上，作为编织草包的经；纬就是经过精选的稻草。编织的时候要两个人合作，其中一个人用一根叫作梭子的长竹片，把稻草横穿过经绳，另一个人用木筘把穿过去的稻草压下去，然后再来下一个回合。草包就是这样用一根一根稻草累积织成的，这过程跟老式的织布机织布差不多。等织到一定长度，完成的只是草片，还要把它对折起来，用草绳缝成口袋形状，这样才算完成了一只草包的生产。所以做这副业基本是要全家动手，赚这钱也很不容易。好在从前的百姓都很勤劳俭朴，只要能赚一点钱，吃点苦是算不了什么的。

民间借贷

从前有一种比较常见的民间借贷形式,叫掰会,其组织形式和活动情况如下。

某人如果家里要办件大事而缺一笔钱,他可以牵头,联络自己熟悉的朋友、乡邻等,一起参加组成一个"会",以此来筹集一笔资金。邀集的人数根据自己所需资金的多少来确定,一般在十到二十人。牵头人邀约的时候,跟参与者约定每人的出资标准,一般在一到五元之间。这样,如果邀集有十人参加,每人出资三元,那么他就可以筹到三十元钱。其实质就是发起人向十个参与者每人借了三元钱。如果邀集的人数多,出资标准高,那筹款数额就大。这样一个发起的过程就叫掰会,也叫团会。筹资人收到了大家首期交的会钱之后,一般会以请吃饭或送面票的方式向会众们表示感谢。

他借了这些钱,怎么还呢?那就是通过摇会的方式逐月归还。从筹资人掰会的下个月开始,按照约定的日期,召集所有参与者每月聚会一次,参加摇会。具体做法是取一只小的瓷盆,放入四颗骰子,拿一只碟子罩起来,参与者每人捧起盆碟摇三下,打开碟子,看骰子呈现的点数。把每人的点数记录下来,最后看谁的点数最大,就是当期的收会者。每次摇会,每个参与者按约定的出资标准交钱,这叫作解会钿。仍以上文所举参与十人、每人三元标准为例,那本次摇会点数最大的人就可以收下其他人交出来的三十元钱，这叫作收会，也叫得会。第一次的收会叫收头会。他收了本次的"会"，以后每月聚会，就只交会钿而不再参加摇会了。已经收会的人交会钿有个规则：除了约定出资标准，还要多交一成的利息，三元标准的会就要交三元三角。筹资人也是这样，他在辦会的时候，一次性收了三十元钱，就要每月多交三角钱利息，作为对后面收会者的补偿。所以，收会越早，所交的利息也就越多；收会越晚，能得到的利息越多，这应该还是比较公平合理的。每月摇会一次，就有一个人收会；越到后来，摇会的人就越少。到最后一次，剩下一个人，他就是收会人，不必再摇了。这叫作收末会。现在苏州人还常常把什么事情做到最后收尾，叫作收末会，出典大概就在这里。

从前物价水平较低，几十元钱也是一笔不小的资金，确实可以办一点事情。后来随着经济水平不断提高，这种民间小额借贷的形式就逐步退出了历史的舞台。我参加工作以后，单位的工会组织有一个互助储金会，职工自愿参加，每人每月从工资里扣几元钱存在那里。如果家里有事，急需用钱，就可以提出申请支取一笔资金，以后每个月在发工资的时候扣还。尽管数量不多，但是能够救急，可以帮助解决暂时的困难，所以很受广大职工的欢迎。后来，随着工资水平不断提高，互助储金会的意义不大了，这才慢慢淡出了我们的生活。

后 记

唯亭，我的故乡，一座典型的江南水乡小镇。我生于斯，长于斯，大半辈子生活、工作在这块土地上。我做过农民，种过地；当过老师，教过书。家乡的水土养育了我，家乡的人事、风情在我心中打下了深刻的烙印。

我是一名中学语文老师，缘于职业的关系，工作之余免不了要动笔写点文字。本来有个打算，退休之后，要把在唯亭的生活经历梳理一番，形诸文字，留下一点个人的历史记忆。这也是属于自娱自乐的一种形式吧。开始起笔，先写了我家所在西街的一些情况，结果被亲属发到网上，受到了众多唯亭乡亲的关注。他们尽管分属不同的年龄层次，但是，出于对家乡的情感，对唯亭的历史文化都怀有极大的兴趣。特别是老一辈唯亭人，他们觉得，由于建设发展的需要，唯亭镇的老街都消失了，随着时间的流逝，那些旧时的家乡风貌和生活情景再也无法重现。因此，我们这些有过经历、有过体验的老唯亭人，很有必要通过回忆，用文字形式把它们记录下来，这样还可以留存一点念想。为此，乡亲们都纷纷表示支持，很多朋友还积极提供自己所了解的情况。朋友们的鼓励和支持，给了我极大的鼓舞，于是，一发而不可收，从西街到全镇，从镇区到农村，我把所能想到的情况都一一记录下来，这才有了《唯亭印记》。

本书一共分为六个部分，其中第一、第二部分是有关唯亭的历史故事和具有一定影响的古迹，资料是通过查阅《元和唯亭志》《唯亭镇志》等多种志书和有关史籍，摘录其中的相关记载，结合自己的理解和认识，把它们整合起来而形成的。第三部分"老街变迁"，主要是通过回忆，记录了20世纪五六十年代时唯亭镇的街市面貌。在老街情况的梳理中，涉及一些重要的商家、机构和设施，则根据《唯亭镇志》的记载，适当拓展。这样写，一方面可以体现历史传承的连续性和完整性；另一方面也在一定程度上丰富了记录的内容，增强了文本的可读性。其中有的店家、机构在不同的时间段内地址常有搬迁，例如唯亭的百货店和布店，在不同的时期就曾经交换过店面位置，书中记录的只是我生活年代所见的情况。后面三个部分，"市井风貌"记录的是过去唯亭常见的一些老行当，"水乡风情"则主要反映本地的风土人情，"文化生活"包含了从前社会生活中方方面面的一些情况。上面这些内容大多是自己的亲见、亲历，其中涉及的一些有关数据，则采录自《唯亭镇志》的统计资料。

　　回忆往事，记录历史，这对我一个年逾古稀的老人来说，具有一定的挑战性。乡亲朋友们的热情鼓励和大力支持，给了我坚持的勇气和力量，使我能在一年多时间里，完成了这十八余万字的写作。在搜集整理资料和撰写的过程中，原唯亭初中63届的校友们积极响应，纷纷提供了唯亭镇中街、东街和河南街的很多素材，其中有几位还亲手写了书面材料供我参考，令我非常感动。关于唯亭老街过去的商家布局等有关情况，得到了前辈胡云南先生的指点。唯亭中学退休教师钱坤达先生、好友钱百里先生等也都给了我很大的帮助。为了此书的出版，苏州大学出版社的编辑老师付出了大量的心血，请允许我借此机会，表达内心的感激和敬意。此外，还有许多熟悉或不熟悉的朋友都提出了宝贵的意见和建议。在此，对所有关心和帮助我的朋友们表示深切的感谢！这本书能够顺利出版，得到了苏州工业园区教育局、唯亭街道及有关部门的大力支持和帮助，对领导关怀的感激之情，我难以言表，在此一并表示衷心的感谢！

在此书的撰写过程中，我时刻告诫自己，一定要坚持实事求是的原则，所记内容务求客观、真实，要努力做到能够经得起历史的检验。但是由于本人能力、水平所限，其中一定还有很多不尽如人意甚至错误的地方，祈望得到读者朋友们的批评指正。谢谢大家！

沈维生

2023 年 5 月 15 日